50年間変わらず
受け継がれてきた

ミス日本式
ダイエット

ミス日本コンテスト大会委員長
和田優子

Sanctuarybooks

はじめに

「きれいになりたい」――これはすべての女性が持つ願望です。世間にはきれいになるための情報が溢れ、また実際にきれいな女性が増えてきているという実感もございます。しかし街を歩く女性にインタビューをしてみると、それぞれが、自分のプロポーションになんらかの不満を持っていて、「あと3キロ痩せたい」「ウエストをあと3センチ」「脚を細く」など自分に対して厳しい目標を持っている場合がほとんどです。

　これだけ情報が多く手に入る時代において、なぜその「あと一歩」の願いを叶える方法に出合うことができないのでしょうか。

　それは、世の中には「ダイエット」に関する知識が溢れ、情報過多になり、断片的な知識を掛け合わせた中途半端な方法に取り組んでいる方がとても多いからだと思います。逆にいえば、だれしもが持っている肉体に秘められたポテンシャルを遺憾なく発揮し美しくなるためには、しっかりとした理論と体系に裏づけられた方法を使うしかないでしょう。

私はミス日本コンテストの大会委員長として、ここ15年、日本の美の頂点を目指すお嬢さんたちを毎年５００～１０００人見てきました。エントリーされる方々は皆最初から自信あるプロポーションだったわけではありません。これからこの本でご紹介するメソッドが、候補生たちの「あと一歩」の願いを叶えてきました。女優の藤原紀香さんも、映画監督の伊比恵子さんもこの方法を実践されていました。

　このメソッドはミス日本式フィギュアリング（以下、ミス日本式）といい、50年以上も前に美容体操研究の草分け的存在といわれた、義父・和田静郎が自身の肥満解消のために開発したものです。当時から、体重を落とすだけでなく痩せたい部分が痩せるという画期的な方法でした。そして驚くべきことに、現在に至るまでプログラムは一切変わっていません。それはひとえに、この方法が確実で、かつ健康的に安全に実施できるものだったからでしょう。

ミス日本式の痩せるメカニズムは、日常生活を見直すところからはじまります。こう申し上げると「どれほどハードなプログラムなんだろう」「私に我慢できるかしら」と不安に思われるかもしれませんが、ミス日本式は過度な食事制限も激しい運動プログラムもありません。

ミス日本式は、身体の代謝のメカニズムを利用したダイエット方法なのです。

たとえば食事に関していえば、カロリーなどの概念は一切なく、9品目さえきちんと摂れればお肉も乳製品も好きなだけ食べていいと提案しています。体操も週に一度までと決まっており、その時間はたったの10分。これだけで狙った部分が健康的に引き締まる「部分痩せ」の効果が得られます。ほかにも普段の日常生活において気をつけることがありますが、そのどれもが長く続けられることばかりです。

また、代謝を高める方法ですから年配の方にも同様に効果があり、ご家族で実践されている方々もたくさんいらっしゃいます。

普段の生活を少し工夫することで、本来身体が持っている機能を最大限に活かし、健康的で美しいプロポーションを得ることができるでしょう。

これまで何度もダイエットに失敗してきた方は、是非ミス日本式にチャレンジしてみてください。普段の何気ない生活を少し見直すだけで、自分のプロポーションは自分でデザインできるという画期的な方法があるということに驚くことでしょう。

さぁ、一緒にはじめてみましょう！

ミス日本コンテスト大会委員長　和田優子

目次

第1章

実践に入る前に

食事

Diet

第2章

体操

Exercise

第3章 入浴

Bathin

第4章 仕事 休息

Work & Relax

ミス日本式
5つの法則

Five Rules of Miss Japan Method

食事 (p28〜)

1 回の食事で、「肉・魚・貝・海藻・豆類・卵類・乳製品・野菜・油脂」の 9 品目をすべて摂ります。おなかいっぱいになるまで食べていいのが特徴です。食事と食事のあいだは実働 6 時間以上空け、ゆっくりよく噛んで食べます。

Diet

体操 (p46〜)

体操は、週に 1 回たった 10 分だけ行います。インナーマッスルを鍛えて、メリハリのあるしなやかなボディを目指していきます。全身のシェイプアップができるのはもちろん、部分痩せも狙えるのが大きな魅力です。

Exercise

入浴 (p102〜)

週に1回、45分間入浴法を行います。アカスリを行い、ダイエットによる肌のたるみを予防します。同時にリンパマッサージもしていきます。古い角質を取り除くことで新陳代謝を活発にし、デトックス効果を高めます。

Bathing

仕事 (p112〜)

生活にメリハリを持たせ、キレイになりたいという気持ちを持続させるために、食事と食事のあいだには仕事をします。ここでいう仕事とは、オフィスワークを指すだけでなく、家事や勉強、軽いスポーツなども含まれます。

Work

休息 (p114〜)

どんなに痩せたいという気持ちが強くても、体操は週に1回だけです。筋肉や血液、細胞などを新しく生み出すために、毎日きちんと睡眠時間を取り、痩せやすい身体を作っていきます。

Relax

5つの法則で無理なく痩せる！

ミス日本式には、「食事」「体操」「入浴」「仕事」「休息」という5つの法則があります。これらを組み合わせることによって、最大の効果が得られる仕組みになっています。

ミス日本式をはじめると、どうしても食事と体操ばかりに気を取られて、そのほかの3つがおざなりになってしまいがちです。

たしかに、世の中に溢れる多くのダイエット法は食事と体操に目を向けたものですから、その気持ちもわかるのですが、ミス日本式において5つはどれも同じだけ大事です。どれかひとつ欠けても効果は薄れてしまいますから、入浴、仕事、休息についても、日常の中でしっかりと意識するようにしてください。

ダイエットの期間ですが、3ヵ月間行うことを推奨しています。というのも、筋肉などの組織が新しく生まれ変わるまでに3ヵ月程度必要だといわれているからです。

ミス日本式によって筋肉を作り出すことができれば、その後普通の生活に戻ってもリバウンドすることが少なくなります。ですから、とりあえず３ヵ月を目標にがんばってみましょう。

ダイエットを開始して、最初に効果が感じられるのは約一週間後です。食事制限があるハードなダイエットは１～２日ですぐに痩せたことを実感できますから、それとミス日本式をくらべてしまうと物足りなさを感じる方もいるかもしれません。

しかし一度痩せはじめると、（もとの体重にもよりますが）毎週７５０グラム～１・５キロずつ落ちていくはずです。最初の数日は効果が出ずに焦るかもしれませんが、体の中では新しくて丈夫な身体組織作りの準備が着々と進められています。心配せずにそのままプログラムを実行しましょう。

イラスト　本間昭文
装丁・デザイン　永野久美

実践に入る前に

Introduction

1000人のデータから導き出された理想のボディサイズ

身長や体重を聞かれて答えられる人は多いと思いますが、バストやウエスト、ましてや足首のサイズを聞かれて即答できる人は少ないのではないでしょうか。

日本女性は、ダイエットに関して体重を何よりも重視するところがあります。見た目どうこうよりも、「何キロ痩せることができるか」が大事ということなのでしょう。しかし、外見だけを見ても他人の体重はわかりませんよね。つまり体重が何キロだということは、他人から見ればそんなことは関係なく、結局は見た目のバランスによって、太っているか痩せているかを判断しているのです。これは当然といえば当然のことです。

それにもかかわらず、多くの人が見た目ではなく体重ばかりにとらわれてしまうのは、ダイエット広告などの影響があるのかもしれません。

ミス日本式では、体重をまったく気にしないわけではありませんが、それ以上に、各部位のサイズを重要と考えています。メリハリのあるボディを目指したら、自然と体重も落ちるものだからです（逆に、いくら体重が落ちても、各部位のサイズが理想とかけ離れていることはよくあります）。

次のページでは、身長からわかる理想の体重や各部位のサイズを公開しています。私は「和田研究所」にてミス日本式の指導を現在も続けており、十人十色、千差万別の体型を見てきました。

実際に数千人の指導にあたってきましたが、その中でも理想的なプロポーションを獲得した方々１０００人の実測値を抽出し、「理想のサイズ表」を作成しました（次ページ参照）。

年齢に関係なく、身長１センチごとに理想の数値を一覧表にしています。これを見れば、どうなれば自分が一番美しく見えるのかがすぐにわかるようになっています。

ふくらはぎ(cm)	足首囲(cm)	脚長(cm)	首囲(cm)	上腕囲(cm)	前腕囲(cm)	手首囲(cm)
28.6〜31.5	17.0〜18.1	70.3〜72.5	28.5〜30.5	24.0〜25.0	20.7〜21.3	13.8〜14.8
28.7〜31.6	17.1〜18.2	70.9〜73.0				
28.8〜31.7	17.1〜18.4	71.5〜73.5				
28.9〜31.8	17.2〜18.6	72.1〜74.0				
29.0〜31.9	17.2〜18.8	72.7〜74.5				
29.1〜32.0	17.3〜19.0	73.3〜75.0				
29.2〜32.1	17.4〜19.3	73.9〜75.5	28.8〜30.3	24.2〜25.2	20.8〜21.4	14.0〜14.8
29.4〜32.2	17.5〜19.6	74.5〜76.0				
29.6〜32.3	17.6〜19.9	75.2〜76.5				
29.8〜32.4	17.7〜20.2	75.9〜77.0				
30.0〜32.5	17.8〜20.5	76.6〜77.5				
30.1〜32.6	17.9〜20.7	77.3〜78.0	29.0〜31.0	24.5〜25.5	20.9〜21.5	14.2〜14.8
30.2〜32.7	18.0〜20.9	78.0〜78.5				
30.3〜32.8	18.1〜21.1	78.7〜79.0				
30.4〜32.9	18.2〜21.3	79.3〜79.5				
30.5〜33.0	18.3〜21.5	80				
30.8〜33.1	18.4〜21.6	80.5〜80.7	29.3〜31.3	24.8〜25.8	21.0〜21.6	14.2〜14.9
31.2〜33.2	18.5〜21.7	81.0〜81.5				
31.5〜33.3	18.6〜21.8	81.5〜82.3				
31.7〜33.4	18.7〜21.9	82.0〜83.1				
31.9〜33.5	18.8〜22.0	82.5〜83.9				
32.1〜33.6	18.9〜22.1	83.0〜84.7	29.5〜31.5	25.0〜26.0	21.1〜21.7	14.2〜15.2
32.3〜33.7	19.0〜22.2	83.5〜85.5				
32.5〜33.8	19.1〜22.3	84.0〜86.3				
32.7〜33.9	19.2〜22.4	84.5〜87.1				
32.9〜34.0	19.3〜22.5	85.0〜87.9				
33.1〜34.2	19.4〜22.6	85.5〜88.8	29.6〜31.6	25.3〜26.3	21.2〜21.8	14.3〜15.3
33.3〜34.4	19.5〜22.7	86.0〜89.7				
33.5〜34.6	19.6〜22.8	86.5〜90.6				
33.7〜34.8	19.7〜22.9	87.0〜91.5				
33.9〜35.0	19.8〜23.0	87.5〜92.4				

身長 (cm)	体重 (kg)	バスト (cm)	ウエスト (cm)	ヒップ (cm)	太もも (cm)
145	41.0〜43.2	74.5〜87.0	49.4〜54.8	80.8〜87.0	45.0〜48.0
146	41.5〜43.8	75.0〜87.6	49.8〜55.2	81.1〜87.6	45.2〜48.2
147	42.0〜44.2	75.5〜88.2	50.2〜55.6	81.4〜88.2	45.4〜48.4
148	42.5〜44.8	76.0〜88.8	50.6〜56.0	81.7〜88.8	45.6〜48.6
149	42.8〜45.2	76.5〜89.4	51.0〜56.4	82.0〜89.4	45.8〜48.8
150	43.0〜45.6	77.0〜90.0	51.4〜56.8	82.3〜90.0	46.0〜49.0
151	43.5〜46.0	77.3〜90.6	51.8〜57.2	82.5〜90.6	46.2〜49.2
152	44.0〜46.5	77.6〜91.2	52.2〜57.6	82.7〜91.2	46.4〜49.4
153	44.5〜47.0	77.9〜91.8	52.6〜58.0	82.9〜91.8	46.6〜49.6
154	45.0〜47.5	78.2〜92.4	52.9〜58.3	83.1〜92.4	46.8〜49.8
155	45.5〜48.0	78.5〜93.0	53.2〜58.6	83.3〜93.6	47.0〜50.0
156	45.9〜48.6	78.8〜93.6	53.5〜59.1	83.5〜93.9	47.2〜50.2
157	46.3〜49.3	79.1〜94.2	53.8〜59.4	83.7〜94.2	47.4〜50.4
158	46.7〜50.0	79.4〜94.8	54.0〜59.6	83.9〜94.8	47.8〜50.6
159	47.1〜50.6	79.7〜95.4	54.2〜59.8	84.1〜95.4	48.0〜50.8
160	47.5〜51.2	80.0〜96.0	54.4〜60.0	84.5〜96.0	48.2〜51.0
161	48.2〜52.0	80.5〜96.6	54.6〜60.3	85.0〜96.6	48.4〜51.5
162	49.0〜52.8	81.0〜97.2	54.7〜60.6	85.5〜97.2	48.6〜52.0
163	50.0〜53.6	81.5〜97.8	54.8〜60.9	86.0〜97.8	48.8〜52.5
164	50.7〜54.2	82.0〜98.4	54.9〜61.2	86.5〜98.4	49.0〜53.0
165	51.4〜55.0	82.5〜99.0	55.0〜61.5	87.0〜99.0	49.2〜53.5
166	52.1〜56.0	83.0〜99.6	55.1〜61.8	87.5〜99.6	49.4〜54.0
167	52.8〜57.0	83.5〜100.2	55.2〜62.1	88.0〜100.2	49.6〜54.5
168	53.5〜58.0	84.0〜100.8	55.3〜62.4	88.5〜100.8	49.8〜55.0
169	54.2〜59.0	84.5〜101.4	55.4〜62.7	89.0〜101.4	50.0〜55.5
170	55.0〜60.0	85.0〜102.0	55.5〜63.0	89.5〜102.0	50.2〜56.0
171	55.8〜61.0	85.5〜102.6	55.6〜63.3	90.0〜102.6	50.4〜56.3
172	56.6〜62.0	86.0〜103.2	55.7〜63.6	90.5〜103.2	50.6〜56.6
173	57.4〜63.0	86.5〜103.8	55.8〜63.9	91.0〜103.8	50.8〜56.9
174	58.2〜64.0	87.0〜104.4	55.9〜64.2	91.5〜104.4	51.0〜57.2
175	59.0〜65.0	87.5〜105.0	60.0〜64.5	92.0〜105.0	51.2〜57.5

まずは自分のサイズを知ろう

では、実際に自分のサイズを測ってみましょう。全部で11ヵ所測りますが、より高い理想を持って臨むなら、7ヵ所を加えた計18ヵ所について測ります。左ページに計測した数値を書き込めるようになっていますから、是非活用してみてください。

測るときに気をつけていただきたいことが2点あります。ひとつ目は「裸の状態で測ること」です。より正確な数値を知るために、下着を脱いでから測るようにしましょう。ふたつ目は「測る条件を一定にすること」です。食事を摂る前と摂ったあとではウエストのサイズが違いますし、起床時と就寝前では、むくみによりふくらはぎなどのサイズが異なってきます。起床時なら起床時と時間を決めて、毎回同じ条件で測定してください。

22ページから、各部位についての「測り方の詳細」と「美しく見える条件」について解説していますから、よく目を通して気持ちを高めましょう！

～ 現在のあなた・理想のあなた ～

現在のあなたの身長や体重、各サイズと一緒に、18、19ページで導き出された、あなたの理想ボディの数値も書き込んでみましょう。目標の数値を細かく設定することで、あなたの意思もよりいっそう固くなるはずです。誘惑に負けそうになったときも、このページを見直してみてください。

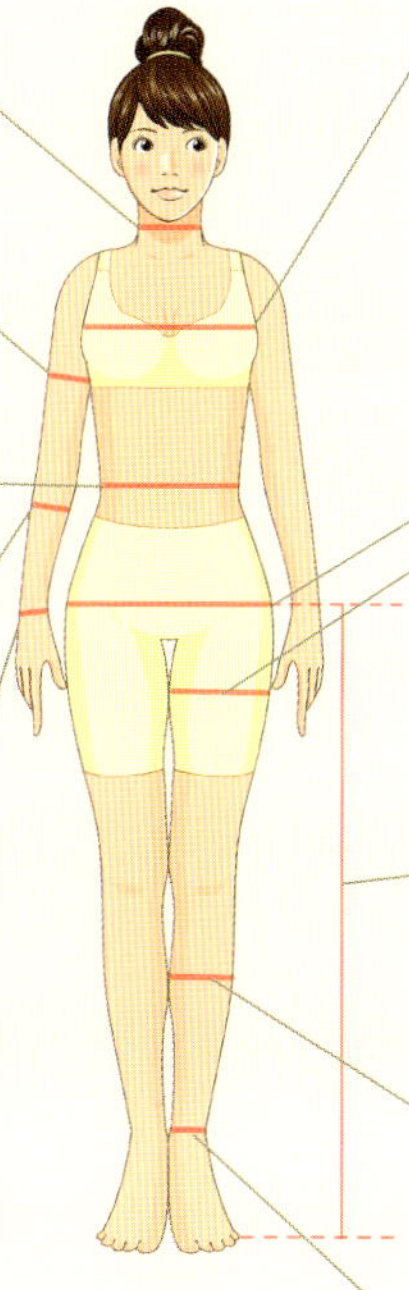

首囲

現在：　　cm

理想：　　cm

バスト

現在：　　cm

理想：　　cm

上腕囲

現在：　　cm

理想：　　cm

ヒップ

現在：　　cm

理想：　　cm

ウエスト

現在：　　cm

理想：　　cm

太もも

現在：　　cm

理想：　　cm

前腕囲

現在：　　cm

理想：　　cm

脚長

現在：　　cm

理想：　　cm

手首囲

現在：　　cm

理想：　　cm

ふくらはぎ

現在：　　cm

理想：　　cm

足首囲

現在：　　cm

理想：　　cm

体重	身長
現在：　　kg	現在：　　cm
理想：　　kg	

バスト

背筋を伸ばしてラクな姿勢で立ち、息を自然に吐いた状態で測ります。バストとトップバストの差が 1cm 以上、トップバストとアンダーバストの差が 10cm 以上あると美しく見えます。乳位・乳間の長さは、どちらも 20cm 前後が美しいとされますが、胸の大きな人はこの限りではありません。胸が垂れてきたという人は、乳位の長さを気にかけるようにしてください。ミス日本式にチャレンジすれば、バストに張りが出てきますから、少しずつ乳位の数値が小さくなっていくはずです。

乳位…肩から乳頭までの長さ
乳間…左右の乳頭間の長さ

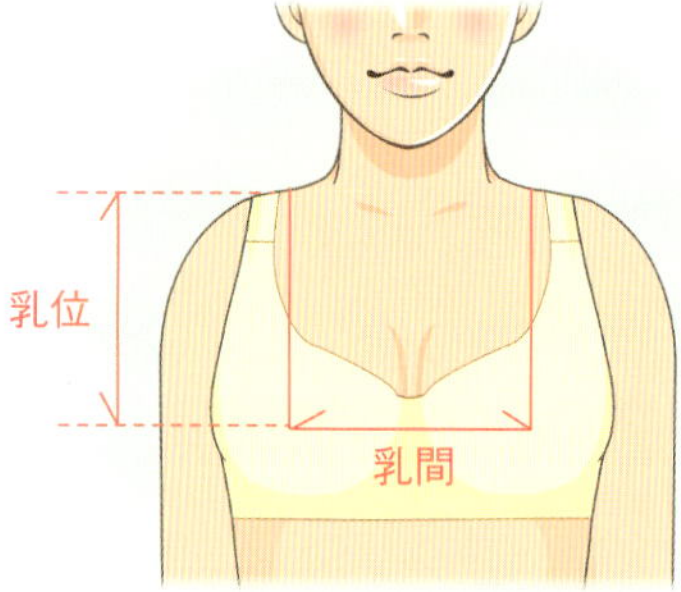

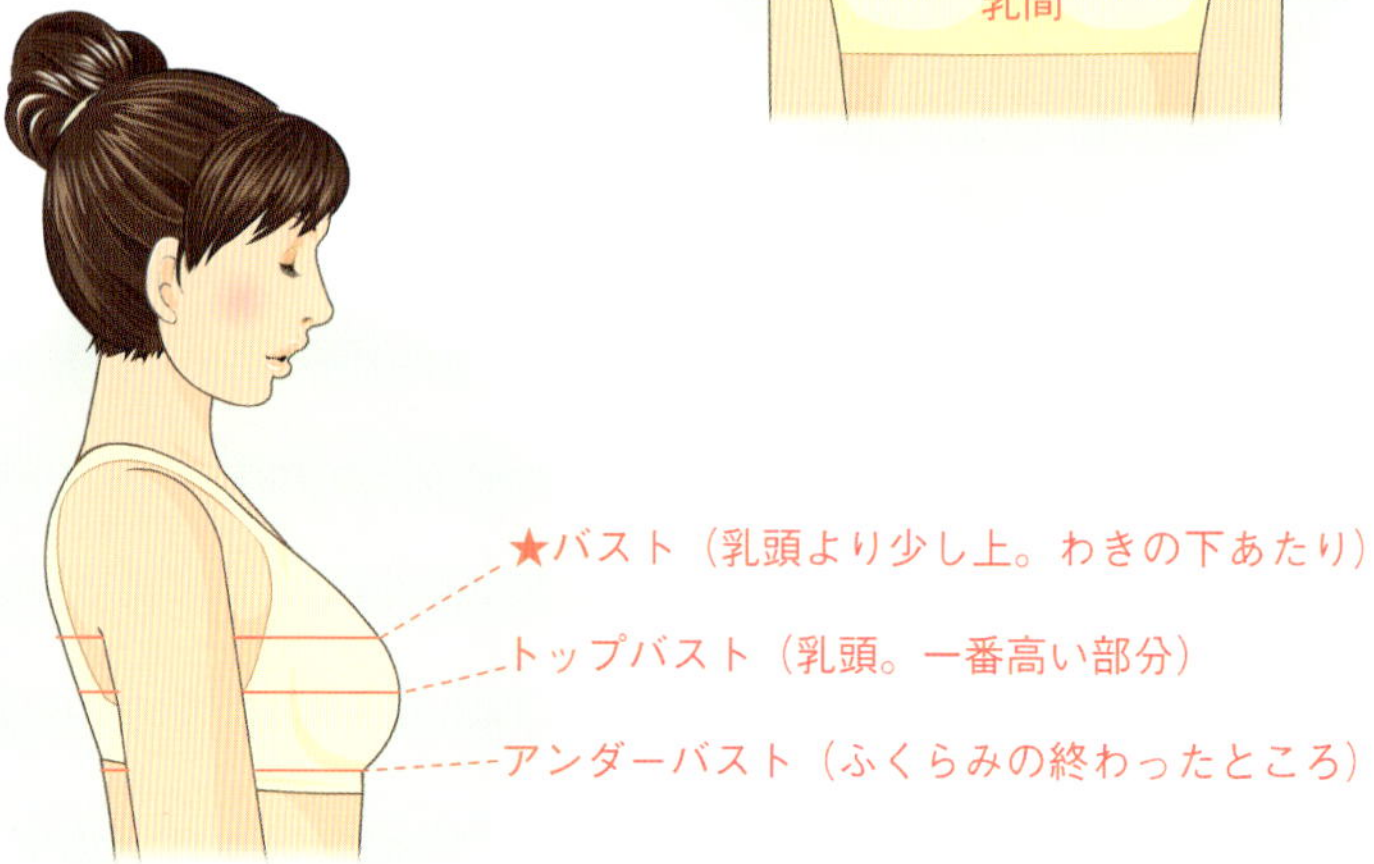
★バスト（乳頭より少し上。わきの下あたり）
トップバスト（乳頭。一番高い部分）
アンダーバスト（ふくらみの終わったところ）

★マークはかならず測定するところ

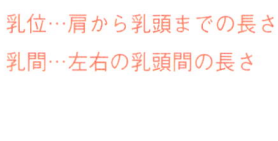

ウエスト＆ヒップ

背筋を伸ばしてラクな姿勢で立ち、息を自然に吐いた状態で測ります。ウエストは全体のボディバランスを決める大きな要素です。おなかの肉をつまんでみて、2cmの脂肪をつまめるなら、その3倍の6cmはウエストのサイズを落とすことができると考えてください。ヒップはバストと同じか、1～2cm 細いのがベスト。ヒップサイズが大きくなるにつれ、下半身が強調されてしまいます。ヒップ位の理想は 20cm 以内です。この数値が小さいということはおしりの位置が高く、脚が長く見えるということです。

ヒップ位…
ウエストからヒップまでの長さ

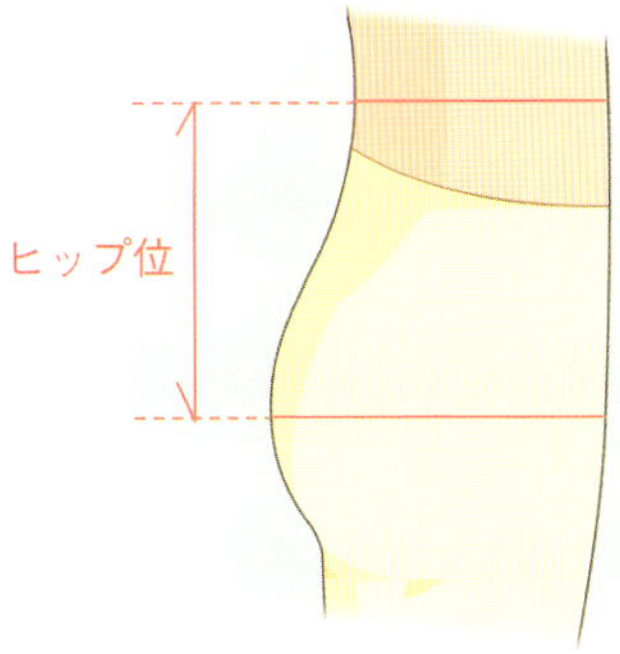

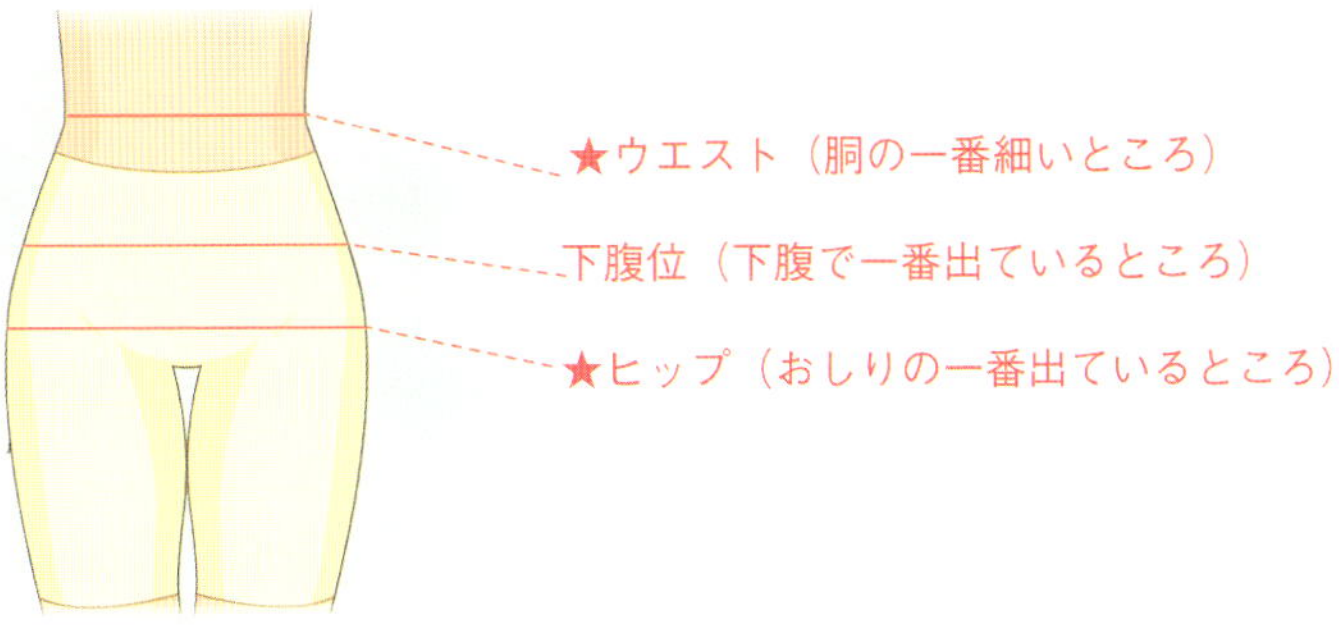
★ウエスト（胴の一番細いところ）
下腹位（下腹で一番出ているところ）
★ヒップ（おしりの一番出ているところ）

★マークはかならず測定するところ

脚

太ももと最大囲は立った状態で、ふくらはぎと足首は椅子に座った状態で測ります。最大囲がヒップの数値より小さいと、下半身がスラッと見えますから、下半身太りが気になる人は、この数値を落とすことを目標にしましょう。脚長をひとりで測る場合は、先端に適当なオモリをつけた紐を用意してヒップから垂らし、地面についたオモリまでの長さを測るようにします。脚長の理想サイズは、身長の半分以上です。脚の長さは伸ばすことができませんが、ヒップの頂点を上げることはだれにでもできます。数 mm、数 cm の差で見た目の印象が随分変わりますからがんばりましょう。

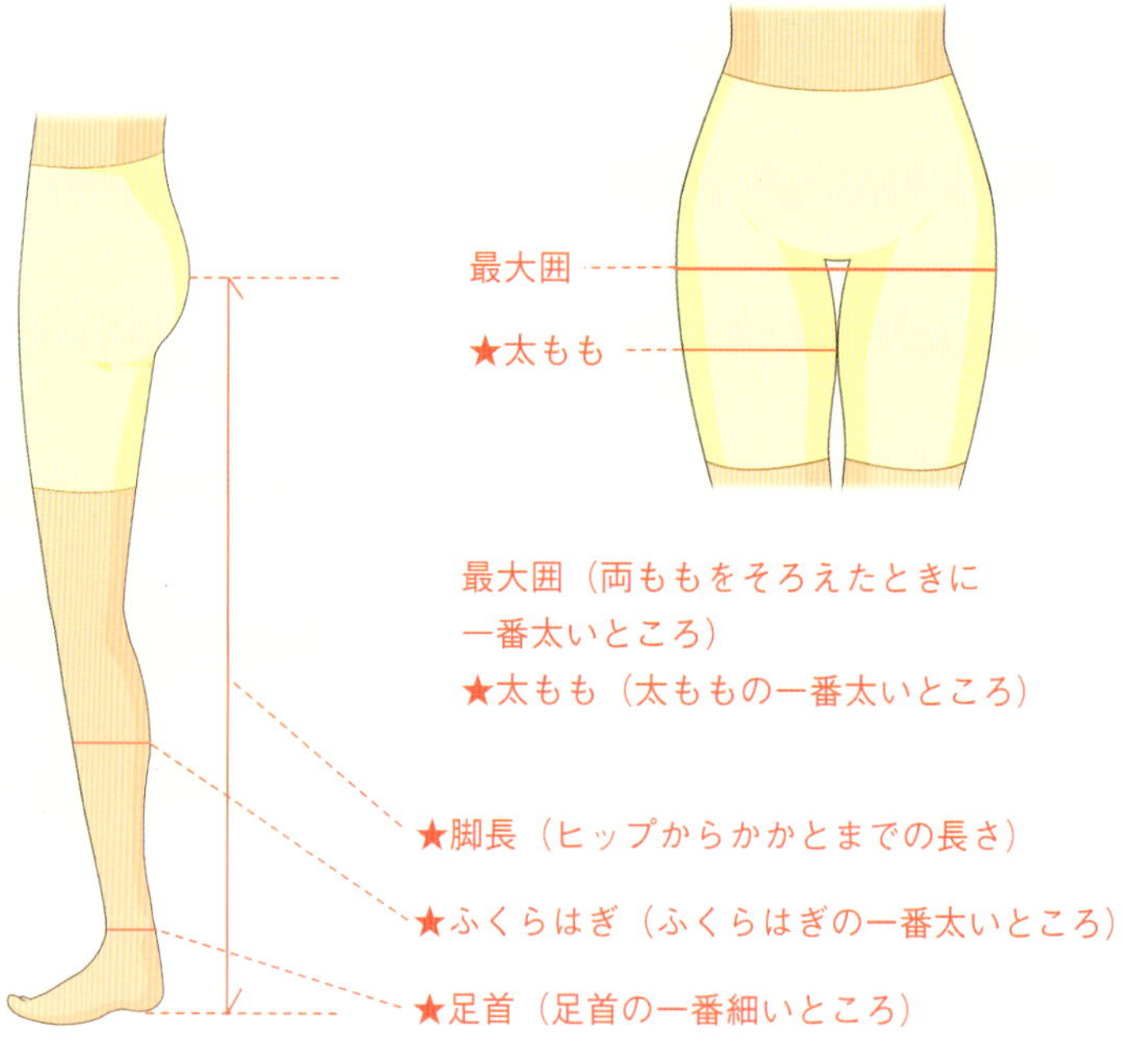
最大囲
★太もも
最大囲（両ももをそろえたときに一番太いところ）
★太もも（太ももの一番太いところ）
★脚長（ヒップからかかとまでの長さ）
★ふくらはぎ（ふくらはぎの一番太いところ）
★足首（足首の一番細いところ）

★マークはかならず測定するところ

脚の美しさを決定づけるのは、サイズだけではありません。脚の形も非常に大切な条件になってきます。それを確かめるために、鏡の前に立ってみましょう。かかとをそろえ、まっすぐに立ちます。そのとき太もも、ひざ、ふくらはぎの３ヵ所がくっつき、それぞれのあいだに適度な隙間ができるのが美しい脚の条件です。太ももがぴったりとくっつくのは太りすぎ、どこもくっつかないようであればＯ脚だといえます。ミス日本式で適度な筋肉をつけ、骨のゆがみを矯正し、美しいレッグライン獲得しましょう。

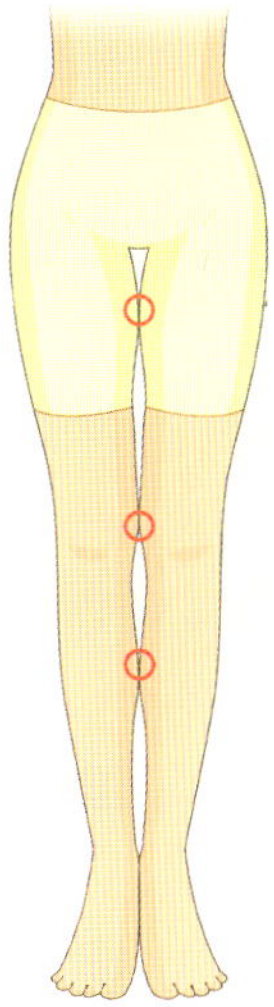

腕＆首

腕は３ヵ所測りますが、自然に下ろし力を抜いた状態で測るので、できればだれかに測ってもらったほうが正確です。首囲は、あごを引いてリラックスした状態で測ります。腕や首は骨格そのものなので、とても引き締めづらい箇所といえます。夏が近くなり、焦ってダイエットをしたけれど、二の腕はプルプルのまま…なんていうことが多いのもそのせいです。とはいってもあきらめることはありません。他の箇所が引き締まってくれば自然と腕や首も細くなってきますから、地道に努力していきましょう。

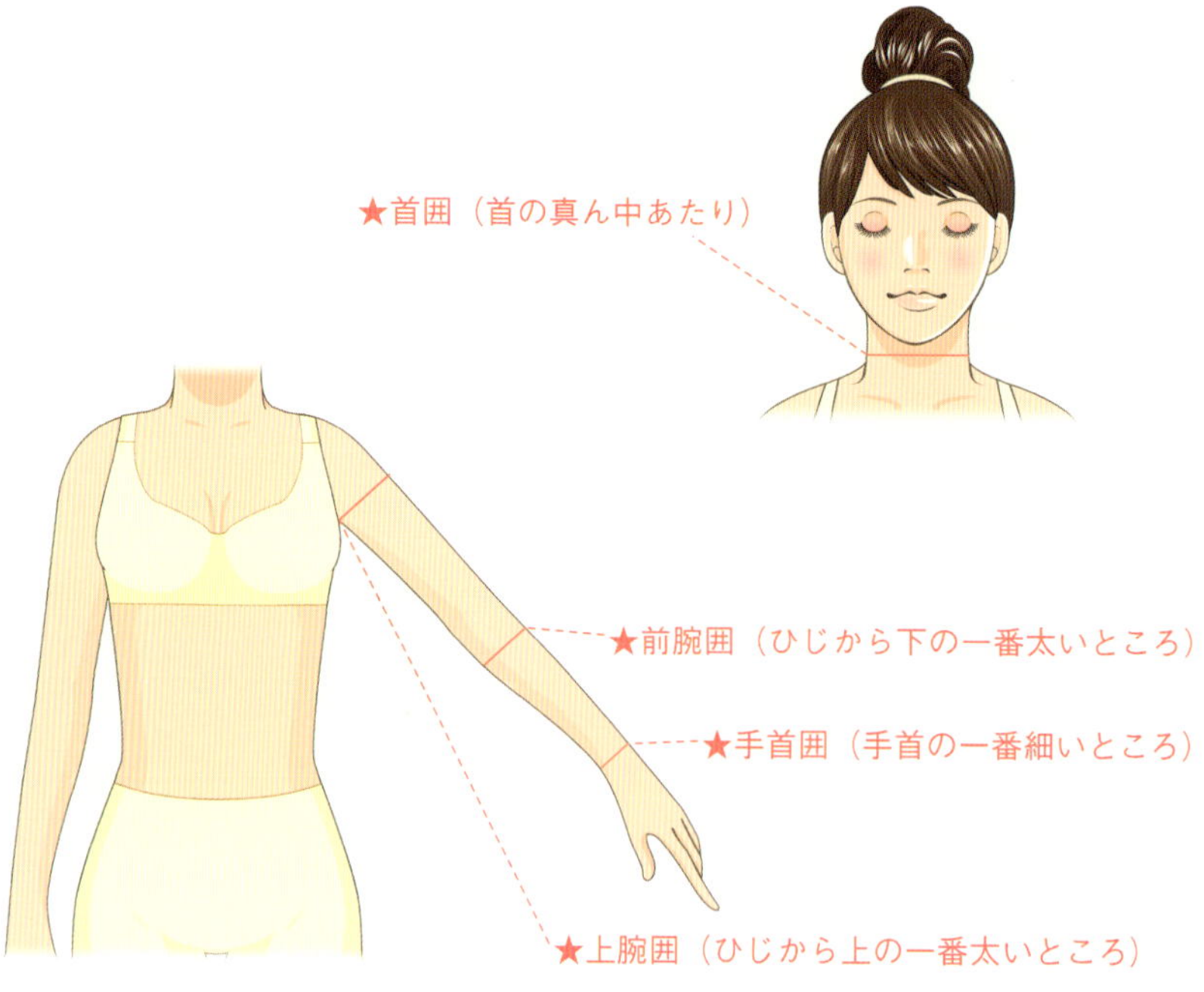

★首囲（首の真ん中あたり）
★前腕囲（ひじから下の一番太いところ）
★手首囲（手首の一番細いところ）
★上腕囲（ひじから上の一番太いところ）

★マークはかならず測定するところ

第1章

食事

おなかいっぱい食べてもいい

ダイエットに挑戦する人のほとんどが、まずは「食事の量を減らす」「食事の回数を減らす」という方法を取るのではないでしょうか。一日の摂取カロリーを減らしてシェイプアップを試みるという手法は、単なる「体重の数値」を減らすには有効かもしれませんが、本当にそれで思い通りの体型が手に入るかというと、それはまた別の話になってきますよね。

ダイエットに失敗したという人の話を聞いていると、「食べたいという誘惑に勝てなかった」「おなかがすいてイライラした」といった意見をよく耳にします。ダイエット経験のある人なら、だれしも身に覚えのある話でしょう。ダイエット成功の鍵は、食欲との闘いにあるといっても過言ではないかもしれません。

ミス日本式ではいくつかのルールはありますが、基本的に「おなかいっぱい食べる」ことを良しとしています。食事の量を減らす必要はまったくありません。

そして、ダイエット時の食事にはタブーとされがちな肉類や乳製品も、好きなだけ食べてＯＫです。揚げ物だって好きなだけ食べていただいて結構です。こう話すと驚く人も多いのですが、人間の身体の仕組みを知れば、別に不思議なことではありません。

日本は今、飽食の時代といわれているにもかかわらず、現代人の身体は「栄養不足」に陥っているといえます。食べる量は比較的多いのですが、その実はというと、必要な栄養素が摂れない食事をしている人が多く、身体は飢餓状態になってしまっているのです。

必要な栄養が摂れていないと、実際はそれほどおなかがすいていなくても、身体は「食べること」を欲します。まだ胃に食べ物が残っているにもかかわらず「必要な栄養素が足りないから食事が欲しい」と新たな食べ物を取り入れようとするんですね。結果、食事の量が増え、頻繁に間食をするようになり、肥満体型になってしまうのです。

ですから、痩せたかったらまずは「栄養をきちんと摂る」ようにすればいいのです。栄養で満たされた身体は満足しますので、無駄に食べることがなくなります。また、必然的に脂肪の代謝を促す栄養素も摂取することになります。

これで、私がおなかいっぱい食べていい、肉類なども好きなだけ食べていいといっている理由をおわかりいただけたでしょう。

身体が必要とする栄養素をすべて摂ろうと思ったら、食事の量はそれなりになりますし、肉類や乳製品には、身体にとって大事な栄養素がたくさん含まれていますから、ダイエット中も積極的に食べるべきなのです。

「食べないダイエット」から「食べるダイエット」へ。まずは、あなたの意識を改革しましょう。

痩せるために欠かせない9品目

私たちの身体の中では日々、新しい筋肉や血液が作られています。諸器官では新しい細胞が次々と生まれています。

こうした身体の働きを活発にするためには、必要な栄養素をまんべんなく摂ることが求められます。とはいっても、毎食「ビタミン類を全部にカルシウム、鉄分に食物繊維も摂って…」などと考えながら、献立を考えるのは現実的ではありません。数日は続いても、長続きはしないでしょう。

そこでミス日本式では、毎食「9品目をかならず食べる」という方法を提案しています。

9品目とは「肉・魚・貝・海藻・豆類・卵類・乳製品・野菜・油脂」です。これらを毎食取り入れれば、細かい栄養素のことを考えることなく、身体に必要な栄養を補うことができるのです。

それぞれの役割は後述するとして、読んだ方の中には「9品目しか食べられないの？」もしくは「1回の食事で9品目を摂るのは難しい」と心配になられた方もいるでしょう。でもそんなに心配する必要はありません。

まず、誤解しないでいただきたいのは「9種類の食品しか食べられない」という意味ではないということ。たとえば、野菜という一品目で、キャベツ・ピーマン・にんじんなど、何種類食べても大丈夫です。野菜に限らず、肉についても、牛肉・豚肉・鶏肉などを1回の食事ですべて食べても問題ありません。9品目で、食品の種類の合計が20でも良いということです。むしろ、いろいろな種類をたくさん食べるほうが好ましいといえます。

次に「1回の食事で9品目を摂るのは難しい」と思われた方へ。実際に試してみると、9品目食べるのはそんなに難しくないことがわかると思います。たとえば、「豆腐と野菜のサラダ」に「かつお節」と「マヨネーズ」をかけて食べたとします。マヨネーズには卵と油が含まれますから、この一品だけで「魚・豆類・卵類・野菜・油脂」が摂れます。「アサリとわかめのスープ」で「貝・海藻」、好きな肉をソテーして、粉チーズをパラパラとふりかければ「肉・乳製品」が摂れます。これで9品目です。

魚を簡単に摂りたいなら、かつお節やツナ、乾燥小魚、チクワやはんぺんなどの練り製品が活用できます。貝は、缶詰のアサリや、乾燥させてある貝柱、貝柱からとったスープの素などが手軽です。海藻は、乾燥させてあるわかめを常備しておくと便利ですし、海藻が原料となっている寒天でお菓子を作っても良いでしょう。

このようにちょっとした工夫をすれば、毎食9品目を食べることは難しくないのです。１１７ページ以降に、オススメの万能レシピを紹介していますから、是非参考にしてみてください。

それでは9品目について、それぞれの役割をみていきましょう。

9品目の特徴

肉

Meat

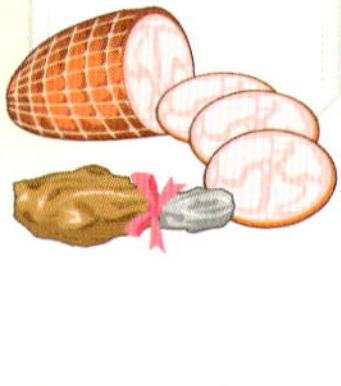

筋肉や内臓の構成要素である、たんぱく質を多く含んでいます。牛肉の赤身には筋肉の形成には欠かせない良質なたんぱく質はもちろん、血液の材料となる鉄分も豊富です。ビタミンB2の多い豚肉は、疲労回復におおいに役立ちます。ミス日本式を行ったあとに、意識して摂ると良いでしょう。鶏肉にはビタミンAが多く、肌荒れ解消に効果抜群です。

【食材】牛肉、豚肉、鶏肉、マトン、レバーやモツなどの内臓、ハム・ベーコン・ウインナーなどの加工品

魚

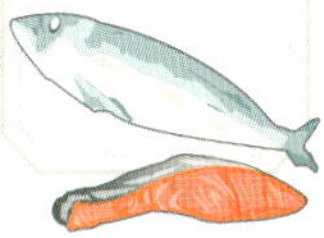

肉同様、良質なたんぱく質が多いのが特徴です。内臓に含まれるビタミンDやミネラルは皮膚の形成には欠かせない成分です。さらに、他の食品からは得られにくいエイコサペンタエン酸（魚の脂質に含まれる）は血液をサラサラにしてくれます。毎食、刺身や焼き魚にするのではなく、小魚（シラス、煮干し、じゃこ）などを積極的に用いましょう。

【食材】魚類全般、カニ、エビ、イカ、タコ、シラス・メザシなどの干物、かつお節、ツナ、チクワやかまぼこなどの加工品

貝

高血圧や糖尿病といった生活習慣病の予防に効果があるタウリンをたっぷり含んでいます。そのほかにも、鉄分やエネルギーの代謝には欠かせないリンも摂取できます。昔にくらべ、食卓に上がることが少なくなったと言われていますが、スーパーなどでは貝類の缶詰やレトルトパックが多く並んでいますので、上手に活用しましょう。貝ひもを常備するのも良いでしょう。

【食材】アサリ、ホタテ、はまぐり、しじみ

海藻

Seaweed

カルシウム・亜鉛・マグネシウム・カリウムといった「ミネラル」が豊富です。食物繊維も多く、便秘解消にも効果があります。そのほか老化防止や美容効果も高く、女性にはうれしい食材です。サラダや味噌汁の具として、毎食たっぷりと摂ることをオススメします。小分けされたのりなどを持ち歩くと、外食時などでも手軽に取り入れることができます。

【食材】わかめ、ひじき、のり、とろろ昆布、ところてん、寒天、だし昆布

豆類

Beans

たんぱく質を構成するアミノ酸を多く含んでいます。アミノ酸の中でも、人間が体内で生成できない必須アミノ酸が豊富です。大豆に含まれるペプチドにはコレステロールを下げる作用があり、血液をサラサラにしてくれます。ビタミンB群、カルシウムもたっぷりです。大豆は加工品も多く、摂りやすい食材です。

【食材】味噌、豆腐、納豆、ゆば、油揚げ、厚揚げ、ピーナッツ、ごま、枝豆（豆、ナッツ類は5粒までにしましょう）

卵類

必須アミノ酸全10種類のうち、8種類を卵で摂ることができます。焼いたり、茹でたり、揚げ物の衣に使ったり…と料理のバリエーションが豊富なのも魅力です。鶏卵の場合は一日1~2個を目安にしましょう。卵を含むマヨネーズはカロリーが高いと敬遠されがちですが、まったく問題ありません。野菜にかけたり、サラダ油の代わりに炒め物に使うなどしましょう。

【食材】鶏卵、うずら卵、マヨネーズ

乳製品

カルシウムや必須アミノ酸をバランス良く含んでいます。牛乳はそのまま飲むのはもちろん、ホワイトソースやスープにして取り入れるのも良いでしょう。牛乳が苦手な人は、整腸作用のあるチーズやヨーグルトを上手に活用します。粉チーズを常備しておくと便利です。ヨーグルトは、必ずフルーツの入っていない、無糖のものを選ぶようにしてください。

【食材】牛乳、バター、チーズ、ヨーグルト(無糖)、スキムミルク(無糖)

野菜

ビタミンやミネラル補給のため、野菜は毎食たっぷりと摂りましょう。野菜によって栄養素が違うので、ほうれん草やキャベツなどの「葉のもの」、トマトやピーマンなどの「実のもの」、にんじんやごぼうなどの「根のもの」、たけのこやセロリなどの「茎のもの」、そして「きのこ類」の5つの群から、各種類を食べるように心がけてください。ビタミンCの補給には、レモンやゆずなどを料理に利用すると良いでしょう。

【食材】イモ類やかぼちゃ以外の野菜全般、しいたけやしめじなどのきのこ類、レモン、ゆず、すだち

油脂

ダイエットの天敵だと思われがちですが、油脂はビタミン類の吸収を助けてくれる大事な食品のひとつです。ピーマンやにんじんなどの緑黄色野菜は、生食よりも油で炒めて食べたほうがビタミンAの吸収率が断然アップします。特にオリーブオイルはコレステロールを下げるオレイン酸や、ビタミンA・E、ポリフェノールが豊富なので積極的に摂るようにしましょう。

【食材】バター、マーガリン、サラダ油、ごま油、オリーブオイル、ラード

大切な5つのルール

毎食摂るべき9品目について、ご理解いただけたでしょうか。どれが欠けてもいけません。すべてがそろってこそ、新陳代謝は活発になり、新しい筋肉や細胞が作られるのです。減食したり、カロリーを気にしたりする必要がない代わりに、必ず9品目を食べるようにしましょう。食べられないダイエットにくらべたら、ずっと我慢が少ないことに気づくと思います。

次に、「毎食9品目を食べる」以外のルールについてです。詳しくは次のページから説明しています。

①食べてはいけない5つの食品類
②食事の半分は野菜で摂るようにする
③ゆっくり、よく噛んで食べる
④薄味を心がける
⑤食事と食事のあいだは6時間以上空ける

1

食べてはいけない５つの食品類

ダイエット期間中、口にしてはいけない食品類があります。次の５つの食品類は、皮下脂肪になりやすかったり、それだけでおなかがいっぱいになってしまったりするものです。最初は辛く感じても、次第に身体が正常な働きを取りもどしはじめるので、その気持ちも薄れていくでしょう。

主食類

ご飯やパン、麺類などの主食です。このような穀物類に含まれる炭水化物は、食べたときには満足感を得られるのですが、消化が早く、血糖値も上がりやすいのが特徴です。

血糖値が上がると、身体は「エネルギーが余っている」と考え、すぐに脂肪として蓄積しようとします。主食類に含まれる炭水化物も大事な栄養素ですが、主食で摂らなくても野菜や豆などで十分に補えます。また、揚げ物に使う小麦粉やパン粉は摂っても構いません。

果物

ダイエット中に果物を摂る人は多いのですが、ミス日本式では禁止しています。なぜなら、果物に含まれる果糖は砂糖よりも脂肪になりやすいからです。ビタミン類は野菜で十分摂ることができるので、果物は避けるようにしましょう。ただし、レモンやゆずは問題ありません。

菓子・ジュース類

ケーキやアイスクリームなど、菓子類は一切我慢しましょう。飲み物は、糖分の含まれていない水や紅茶･日本茶などのお茶類、コーヒーはOKです。水分は1日1.5～2リットルを目安に飲みましょう。水分をたくさん摂ることで、身体に残っている毒素を尿や汗でどんどん排出させましょう。

毎日のように甘いものを食べていた人は、一時的にめまいを覚えることがありますが、これは糖分の禁断症状で1週間ほどすれば落ち着くはずです。

アルコール

アルコールは、脂肪の代謝を悪くするといわれます。また肝臓に負担がかかるために、ほかの内臓機能に支障が出ます。飲酒したあとにラーメンなどが食べたくなるのは、血糖値のコントロールができなくなっているためです。付き合い上、飲まなければならないときは控えめにして、つまみには手をつけないようにしましょう。

心臓に負担がかかるため、入浴は飲酒後少し時間をおいて半身浴にします。翌日は意識的に身体を動かすようにしてください。

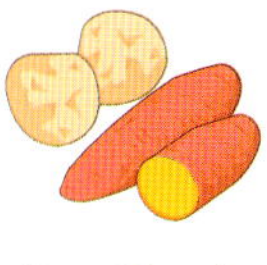

でんぷん質の多い食品

じゃがいも・サツマイモなどのイモ類、かぼちゃ、そば粉・片栗粉などを使った食品類も主食類と同様の働きをしてしまうので避けます。

2 食事の半分は野菜で摂るようにする

1回の食事で9品目を摂りますが、その量に制限はありません。ただ、食べる全体量の半分は、野菜にするように心がけ、ビタミン類やミネラルをたっぷり補います。生野菜だと意外に量を摂れないので、茹でたり焼いたりしてカサを減らすと良いでしょう。野菜ジュースにするというのもひとつの手です。イモ類やかぼちゃは基本的にタブーですが、どうしてもというときは握りこぶしの半分を目安にしてください。

3 ゆっくり、よく噛んで食べる

ゆっくり食べれば自然と食事の量は減りますし、よく噛んで食べることで栄養素の吸収も高まります。

1回につき、30～40回噛むようにしましょう。慣れないうちは、一度口に入れたら箸をおき、数えながら食べるようにすると良いでしょう。

4 薄味を心がける

食材の味をよく味わうために、料理の味つけはできるだけ薄味にするようにしましょう。だしをきかせれば、薄味でも十分満足できるはずです。それでも最初のうちは物足りなさを感じるかもしれませんが、自然と慣れ、食材の持つ本来の味に驚くことでしょう。

5 食事と食事のあいだは 6時間以上空ける

食べる時間は自由ですが、前回の食事から最低でも6時間おいてから、次の食事を摂るようにします。これは、エネルギーを使い切らないうちに次の食べ物が胃に入ると、皮下脂肪として蓄積されてしまうからです。

この6時間というのに「寝る、テレビを見る、ボーっとする」などの動かない時間は入りません。仕事、家事、散歩など動いている時間で6時間です。たとえば20時に夕食を終えて、24時の就寝まで家事やお風呂に入って過ごすとします。翌朝7時に起きたとしたら、時間としては夕食から11時間経っていますが、睡眠時間を除くと4時間しか経っていないため、朝食を食べていいのは9時以降です。

ただし、6時間経ったからといって、必ず食事をしなければいけないということはありません。おなかのすきを感じられない場合は、無理に食べることはありません。慣れてきたら1日の食事回数が1～2食になります。それで十分健康に生活できるくらい充実した9品目が摂れると良いでしょう。

ダイエットにラクな方法はありませんが、ミス日本式は、数あるダイエットの食事法の中でも、比較的難しくないはずです。

それでも誘惑に負けて、ルールを破ってしまうことがあるかもしれません。そんなとき大事なのは、決して自暴自棄にならないことです。

一度ルールを破ってしまうと、「もうやめた」「今日一日はお休みして、大好きなお菓子を食べよう」と思ってしまいがちですが、そこでもうひと我慢です。ルールを破ったのはその一度限りとし、次の食事から、またがんばればいいのです。その週は体重が落ちないかもしれませんが、サイズは徐々に変化を続けていきます。

あきらめないでください。自分の可能性を、もっと信じてあげてください。あなたは今よりもずっと美しくなれる可能性を秘めているのです。

第2章

体操

Exercise

運動で痩せるという考え方をしない

体重計とにらめっこして、「あと○キロ痩せたい」「このおなかまわりの肉をどうにかしたい」とハードな運動やエクササイズに励んでいる人も多いと思います。逆に、「毎日筋トレをする」「週に3回はスポーツジムに通って30分泳ぐ」など、高い目標を掲げたばかりにダイエットが長続きしない人も、同じく多いのではないでしょうか。

ミス日本式では、「週に1回、たったの10分だけ」しか体操をしません。そういうと、「そんなに少ない運動で、痩せるはずがない！」とお思いになるかもしれませんね。

しかし、ミス日本候補生たちを含めた多くの方々が、これから紹介する体操で、理想的なボディラインを手に入れてきました。

そのメカニズムをご説明する前に、まず、ミス日本式では〝運動で痩せる（カロリーを消費する）〟という考え方を基本的にはしていないことを知っていただければと思います。体操をする目的は〝メリハリのある、しなやかなボディ〟を手に入れることだと考えるからです。たとえ運動によって大幅に痩せることができたとしても、筋肉ムキムキでは女性らしさが失われてしまいます。

また、バストなどのでて欲しいところがしぼんで、おなかや太ももなど、取りたかったぜい肉は以前のままでは、やはり美しさからは遠くかけ離れてしまいます。

ですから、ミス日本式では運動で痩せるという考え方よりも、体操によって美しいボディラインを手に入れることに重点をおいています（とはいえ、ミス日本式の体操を続けた結果、メリハリのある体つきになった上に、体重もしっかり落ちていたということは往々にしてあります）。

インナーマッスルを鍛えて「部分痩せ」

筋肉は主にアウターマッスルとインナーマッスルに分けられます。体の表面側にあって重い物を持ち上げたりするときなど、パワーを発揮するときに使う筋肉がアウターマッスルです。筋トレを続けていたら、筋肉ムキムキになってしまった…というのは、このアウターマッスルが発達した結果。

これに対し、身体の深層部にあって、人間が動くときに安定したバランスを保つ役割を担っている筋肉がインナーマッスルです。ミス日本式は、このインナーマッスルに働きかける体操が中心です。インナーマッスルを鍛えることで新陳代謝を上げ、各部位をシェイプアップしていきます。いわゆる「部分痩せ」が可能なのです。ムキムキになることもありません。

一般的に難しいといわれている「部分痩せ」がなぜできるのか。それはミス日本式の、痩せたい部分の筋肉に最大限のストレス（負荷）をかける方法に秘密があります。

ストレスをかけられた筋肉は、その力に負けないように、新たな組織や筋肉を作ろうと反応します。このとき、その部分についた大量の皮下脂肪が消費されるため、結果として部分的に引き締めが可能というわけです。

そのほかにも、インナーマッスルを鍛えることで関節のバランスが取れるようになるので、体のゆがみが矯正され、美しい姿勢を手に入れることができます。また、肩こり、腰痛、冷え性といった症状の改善にも効果があります。

以上の理由から、メリハリのある、女性らしい体つきを目指すなら、インナーマッスルを鍛えるのが一番と考え、50年以上も前から、ミス日本式を提案させていただいているのです。

週に１回、たったの１０分だけでいい理由

さて、ではなぜ「週に1回、たったの10分だけ」でいいのでしょうか。前述したように、ご紹介する体操は「筋肉に最大限のストレスをかけ、新しい組織や筋肉を作る」ことを目的としたものですが、新しい組織が作られはじめてから完成するまでにはある程度の時間がかかります。この「組織・筋肉増強&筋肉の回復」のサイクルを約一週間と考え、ミス日本式では週に1回としているのです。

そして、10分だけというのは「１００％全力を発揮しないと筋肉の新生にはならない」という理由から。１００％の力を発揮することはそもそも何時間もできることではありません。あっという間に疲弊します。これまで、焦るあまり毎日何十分も行ったという人をたくさん見てきましたが、皆思うような効果が得られませんでした。ところが週に1回10分だけにしたところ、みるみる効果が現れたのです。ですから、「週に1回、10分だけでいい」というよりかは、むしろ「週に1回、10分しかやってはいけない」といったほうが正しいかもしれません。

体操は量より質が大事なのです。

大切な５つのルール

体操をはじめるにあたって、守っていただきたい５つの簡単なルールがあります。

ルールには、かならず理由があります。忙しかったり、面倒くさかったりして、これらのルールをおろそかにすると、体操の効果が十分に得られなかったり、思わぬ体調不良やケガを招く危険性があります。

詳しくは次からのページで説明していますから、事前にしっかり読んで、いつも心にとめておくようにしてください。

①空腹時に行う

②体調が悪いときは思い切って体操しない

③準備体操をかならず行う

④１セット１分を目安としたスピードで

⑤正しい呼吸法をマスターする

1 空腹時に行う

食後で胃に食べ物が残っている状態だと呼吸法が十分にできず、100％の力を発揮する際の障害になってしまいます。そのため空腹時に体操を行います。また、空腹時は体内にある余分な脂肪をエネルギーに変換しようとします。つまり、空腹時というのは脂肪を燃焼しやすい状態にあるのです。

ただしあまりにも空腹で、フラフラする状態での運動は避けてください。体操を行う時間としてベストなのは午前中ですが、時間を取るのが難しいときは、空腹時に体操を行い、体操後に食事を摂るようにしましょう。食後、多くの血液が食べ物の消化に使われますが、そこで体操をしてしまうと、十分な血液が胃に回らず消化不良になってしまいます。

2 体調が悪いときは思い切って体操しない

風邪や熱、腹痛などで体調が悪いときは無理をせず、体操は延期しましょう。体調が悪いときというのは、身体の代謝能力はがんばって病気を治そうとしてくれています。まずはそちらの完治を優先しましょう。

また、生理中とその前後２日間は、ホルモンが体内に栄養素を蓄えようとするため、通常より体重が重くなります。子宮に血液が集まり、運動によって貧血を起こすこともあるので体操は避けるようにしてください。

3 準備体操をかならず行う

ケガ予防のために毎回準備体操を行って、全身の関節と筋肉を事前にほぐしておきましょう。また、体操を行うときは、身体の動きが制限されないよう、ブラジャーやガードルなど身体を締めつけるものは着けないようにしてください。足先まで使う体操も多いので、裸足で行うのが良いでしょう。

4 １セット１分を目安としたスピードで

意識的にゆっくりと、ていねいに行うようにします。はずみをつけてやってしまうと動きが速くなり、十分な効果が得られませんから注意が必要です。慣れるまでは１分以上かかるかもしれません。秒針のある時計などを見て、心の中でカウントしながら行うと良いでしょう。

5 正しい呼吸法をマスターする

ミス日本式において、とても大事なのが呼吸法です。基本は腹式呼吸です。唇を丸く前に突き出し、深く息を吸ったり吐いたりします。呼吸のたびに「シュー」という音を出すようにすると、体操中も呼吸を意識できます。筋肉を収縮させながら息を強く吐ききるのがポイントです（息を吐くときにおなかがひっこみ、吸うときにふくらみます）。目の前にあるロウソクの火を吹き消すイメージを持つとやりやすいと思います。体操に入る前に、呼吸法だけを練習してみましょう。

実践へ移る前に

それでは実際に挑戦してみましょう。

体操は「準備体操」「基本の体操」「部分痩せ体操」に分かれています。

準備体操は、身体に異常がないかを確かめるために関節を動かします。

基本の体操は、体を全体的に引き締めるためのものですが、それぞれにストレスをかける部分が異なるので、部分痩せの効果も期待できます。

部分痩せ体操は、痩せたい部分を集中的にケアするものです。女性は、子宮を守るために下腹部にぜい肉がつきやすいこともあり、おなか・おしり・太ももの体操を多く紹介しています。

準備体操だけは、毎回かならず行うようにしますが、基本の体操と部分痩せ体操は、6~8セットを目安に自由に組み合わせてください。

一見すると簡単そうな体操ばかりですが、実際に行うと筋肉がプルプルふるえ、汗も出てくるほどの運動量です。疲労をためないために、どんなに多くても1回8セットまでとします。

同じ体操でも2回繰り返した場合は2セットとしてカウントします（レッグレイズのみ、その負荷の大きさから上限を1セットとしています）。左右それぞれの動きがある場合は、左右行って1セットとしてください。最初は1回あたり6セットにし、様子を見て増やすのが良いでしょう。

次のページに悩み別のプログラム例を載せていますので、これらを参考に、自分なりのプログラムを組んでみてください。

また、モチベーションを高めるためにも、体操を行う前に体重と各部位のサイズを測ることをオススメします。

体重は一日の中でも増減がありますから、それに一喜一憂しなくても大丈夫です。一週間単位で考えるようにしましょう。それに体重がさほど変わっていなくて落ち込んでいたけれど、サイズを測ってみたら大幅にダウンしていたということもよくあります。

おなかまわりの脂肪が気になる

準備体操

＋

スクワットA（2セット）
シットアップ（2セット）
レッグレイズ（1セット）
下腹（1セット）

＋

側腹（1セット）
ロイン（1セット）

ヒップアップしたい

準備体操

＋

スクワットA（2セット）
シットアップ（2セット）
レッグレイズ（1セット）

＋

ロイン（1セット）
くじゃく（1セット）
タイカール（1セット）

上半身をすっきりさせたい

準備体操

＋

スクワットA（2セット）
シットアップ（1セット）

＋

寝反り（1セット）
ロイン（1セット）
腕上げ（1セット）
トライセスカール（1セット）

脚をスラッとさせたい

準備体操

＋

スクワットA（2セット）
シットアップ（1セット）

＋

スクワット B（1セット）
開脚（1セット）
前上げ（1セット）
カーフレイズ（1セット）

準備体操

全身の関節と筋肉をほぐし、エクササイズの効果を高めるために、毎回かならず準備体操を行いましょう。いきなりエクササイズをはじめると、筋肉を傷めてしまう可能性もあるので念入りに。1～11までを1セットとし、2セット行います。所要時間は約5分です。

基本の姿勢

背筋を伸ばし、足は肩幅に開く。両手は後ろで軽く握る

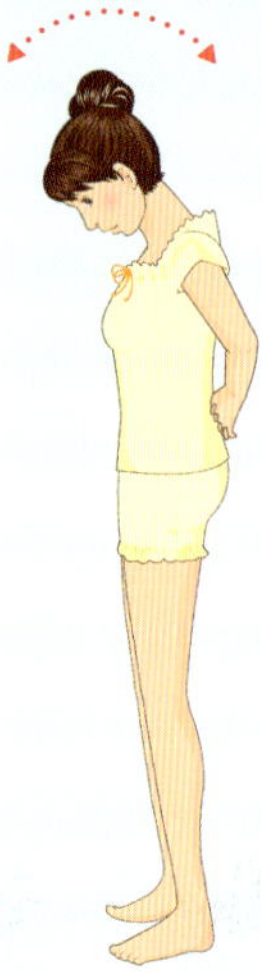

首を前後に倒す

基本の姿勢から 1.2 で首を前に、3.4 で後ろに倒す。背筋は伸ばしたままで、首だけを動かす。16 カウント

1

首を左右に倒す

基本の姿勢から 1.2 で首を右に、3.4 で左に倒す。肩の位置はそのままで、耳を肩につけるような気持ちで。16 カウント

2

首を回す

1.2.3.4 で首を時計回りに 1 周回転させる。続けて 5.6.7.8 でもう 1 周。9 ～16 カウントで、逆回しも 2 回

3

肩を回す

1.2 で大きな円を描くように肩を前に回す。前回し４回のあと、後ろ回しも４回

4

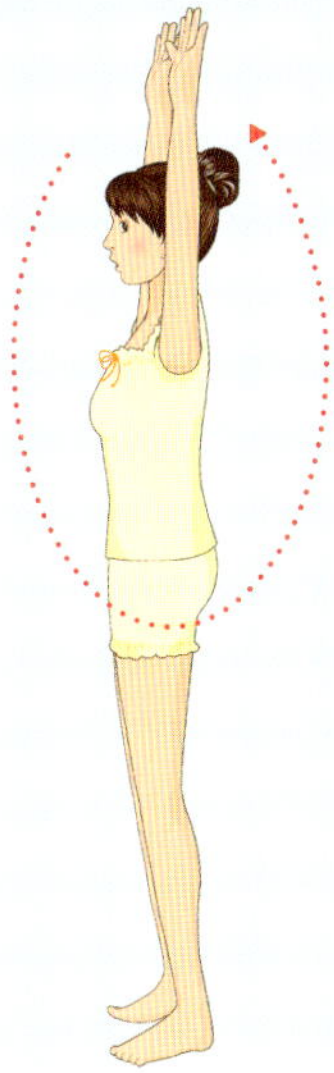

腕の屈伸

両腕を肩の高さに水平に伸ばし、手は軽く握る。1 でひじを曲げ、両手をあごまでもってくる。2 でもとに戻す。16 カウント

5

手首をほぐす

心臓より高い位置で手首をブラブラさせる。はじめはゆっくり振り、次第に早める。16 カウント

6

足首を回す

左足のかかとを上げ、1 カウントずつ外回しを 8 回、内回しを 8 回行う。右足も同様に行う

7

Warming up

ひざの屈伸

基本の姿勢から 1.2 で腰を落として胸を太ももにつけるように曲げ、3.4 でもとに戻す。足裏全体を床につけたまま行い、曲げたときにひざが内側に入らないよう注意。16 カウント

8

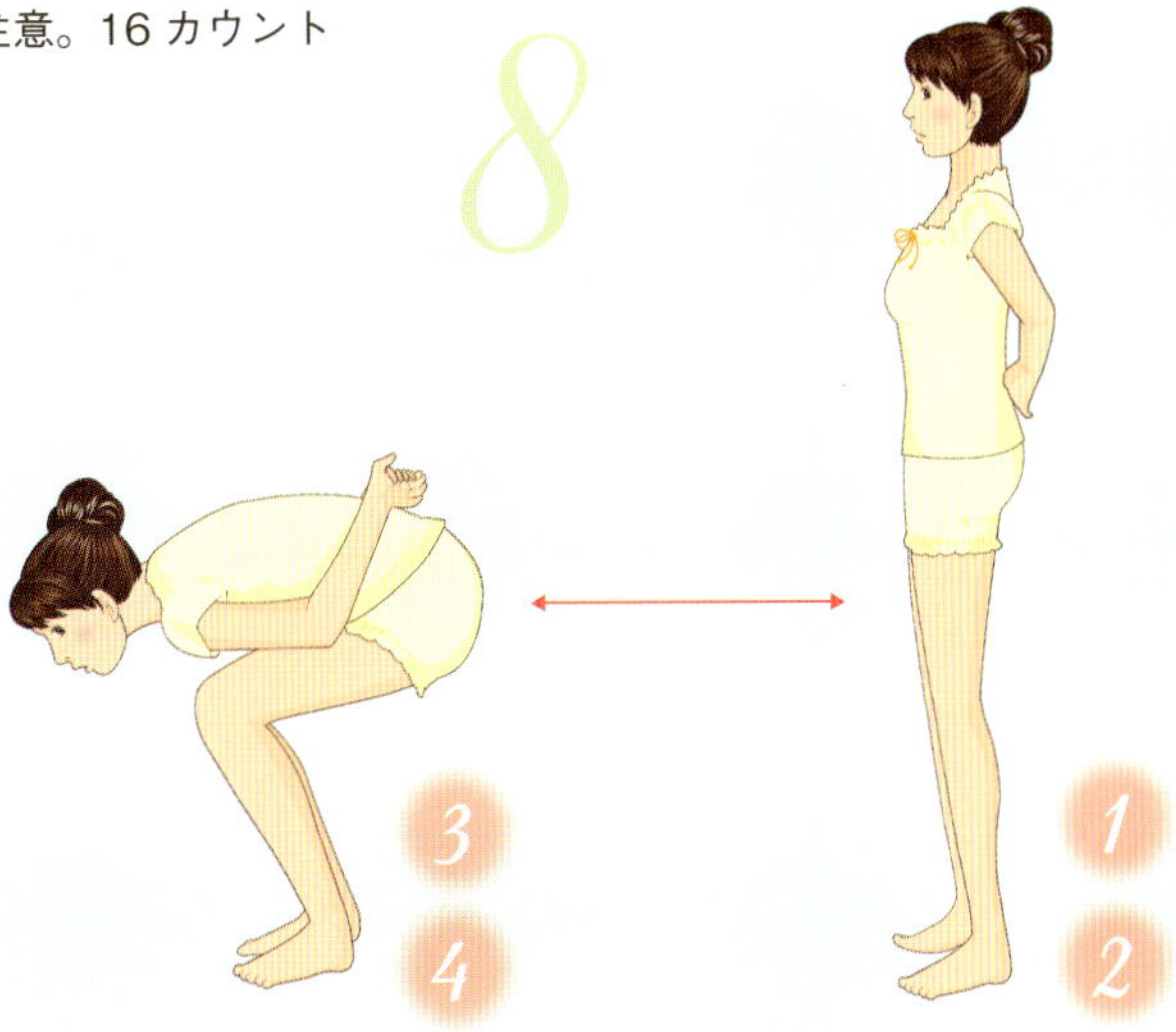

腰を左右に曲げる

基本の姿勢から 1.2 で腰を左に、3.4 で腰を右に曲げ、わき下を伸ばす。息を吐きながら曲げ、吸いながら戻すように。16 カウント

9

腰を前後に曲げる

基本の姿勢から 1.2 で上半身を前に倒し、腕を真上に伸ばす。3.4 で首を後ろに倒しながら、上体をできるだけ反る。腕は真下に。16 カウント

10

腰を回す

両腕を肩の高さに水平に伸ばし、手の先まで伸ばす。1.2 で腰を左にひねり、3.4 で腰を右にひねる。かかとが浮かないように気をつけ、息を吐きながらひねり、吸いながら戻すように。16 カウント

11

基本の体操

基本の体操は全部で4つあります。これらはすべて「体重を落とす」ことを目的としたものですが、さらなるうれしい効果として、それぞれに「部分痩せ」を期待することもできます。意識をその部分に集中させるようにし、最大限の運動効率を求めましょう。

～基本の体操１～

スクワットA

効果のある部位

おしり

太もも

おしりと太ももを引き締めます。下半身の大きな筋肉を動かすので、この本で紹介する体操の中で、もっとも体重を落とす効果が高いといえます。また、骨盤のゆがみも矯正できます。骨盤がゆがんでいると血行不良となり、脂肪の燃焼にも悪影響を及ぼしてしまいます。

1

足は肩幅より少し広く開き、つま先は少し外側に向ける。親指を浮かせ、小指からかかとの線で身体を支える。重心をかかとにかけ、手は耳の後ろに

2

1.2 で息を吸いながら、ひざを真横に開き腰をゆっくりと落としていく

2 1 カウント

Point

おしりと太ももの内側の筋肉に意識を集中させ、中心に向かって力を入れましょう

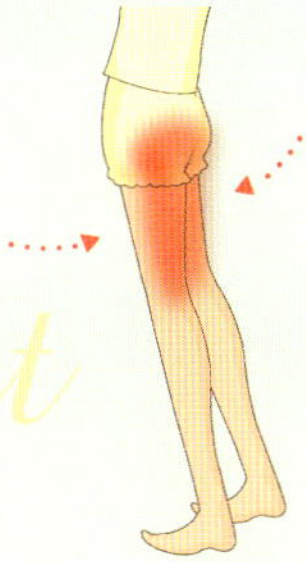

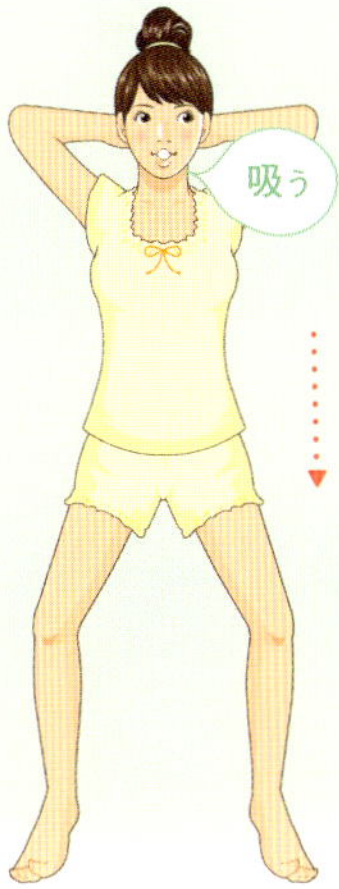

3

3.4 で引き続き息を吸いながら、さらに腰を落としていく。正面から見たときに、ひざがつま先より外側に出ない程度。上半身が曲がったり、おしりが突き出たりしないように

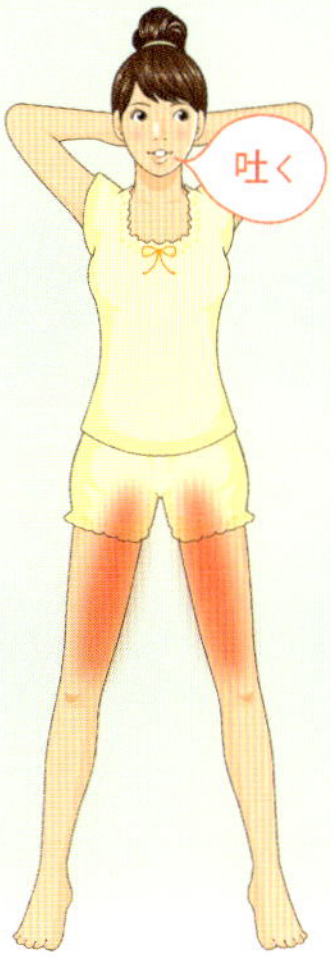

4

足裏全体を床につけ、5.6.7.8 で息を吐きながら、太ももとおしりの筋肉を意識しつつ、ひざを伸ばしていく。8 のタイミングで息を全部吐ききる。以上を 8 回繰り返して 1 セット

8 7 6 5 4 3

～基本の体操２～

シットアップ

効果のある部位

おなか

おなかの筋肉に働きかける体操です。食事などほかの条件を整え、きちんと体操ができれば、多い人だとウエストが一週間で3センチも細くなります。84ページで紹介する「側腹」と一緒に行えば、さらに効果アップ。

1

足はそろえ、伸ばして座る。手は頭の後ろで組み、背筋を伸ばす。1.2 で息を吸って、胸を少し張る

2

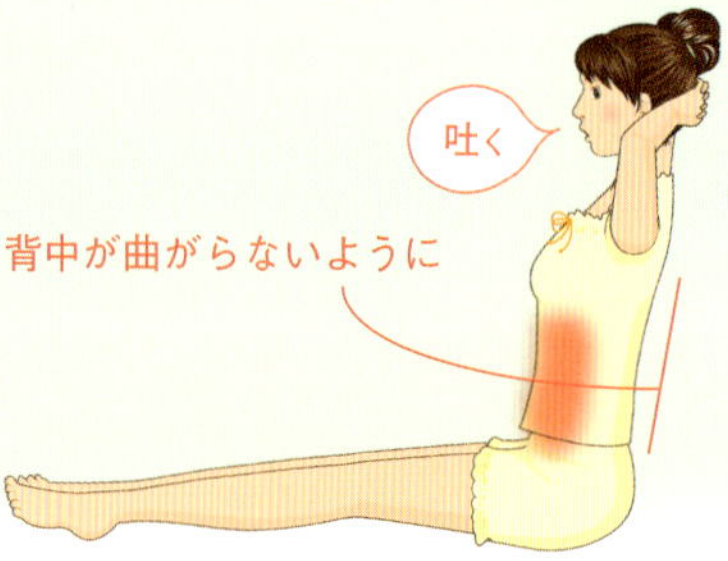

3.4 で息を吐きながら、背筋を伸ばしたまま上体を後ろに倒していき、腹筋がプルプルふるえてきたところでストップ

カウント 1 2 3 4

あごが上がっていると腹部ではなく胸部にストレスがかかってしまい、バストが小さくなってしまいます

Bad

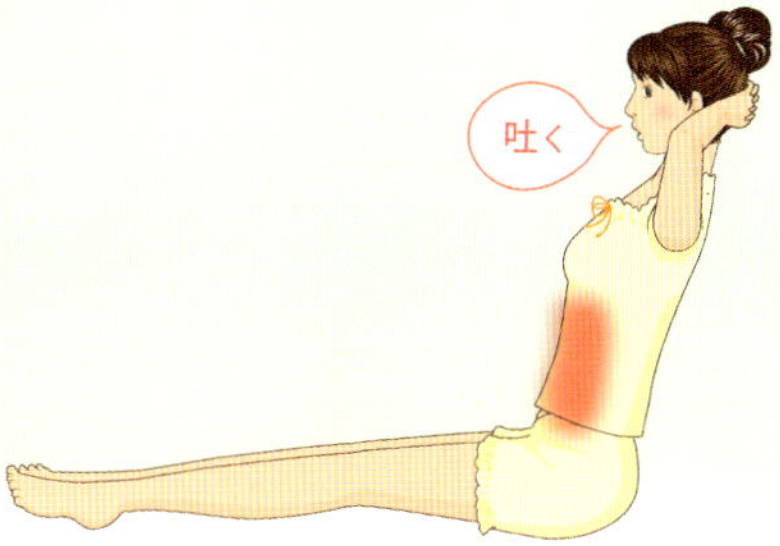

5.6 で引き続き息を吐きながら、工程２をキープ。7 で息を吐ききる。脚や肩など、おなか以外に力が入ってしまう場合は倒しすぎている証拠

3

5 6 7

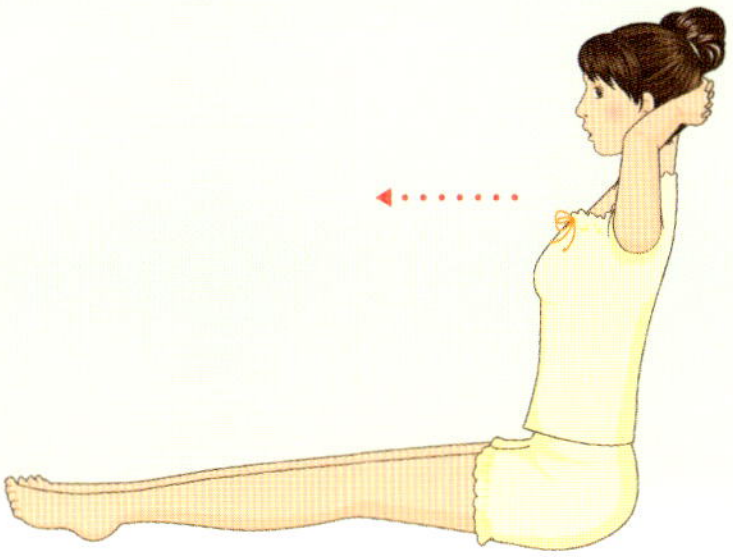

8 でもとの姿勢に戻る。以上を８回繰り返して１セット

4

8

～基本の体操3～

レッグレイズ

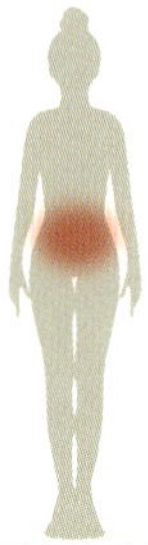

効果のある部位

下腹部

脚の重さを上手に利用して、加齢とともに脂肪がつきやすい下腹部に働きかける体操です。やり方を間違えると、腰に負担をかけてしまうことがあるので、慎重に行ってください。また、身体にかかる負荷も強く、やりすぎると腸に負担がかかります。必ず1回1セットにとどめるようにしましょう。

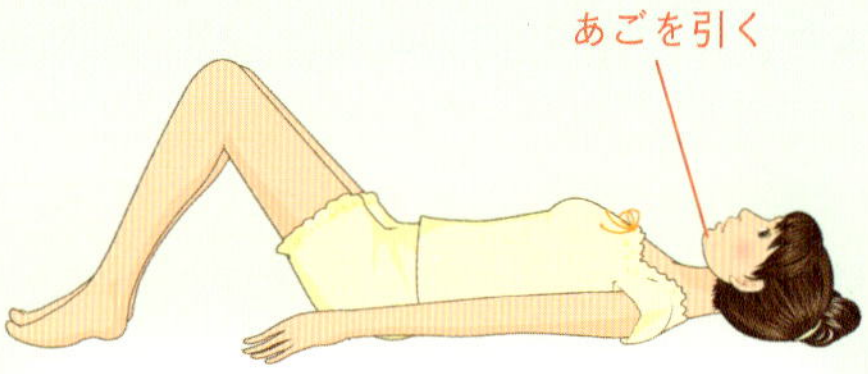

あおむけに寝て、ひざを 45 度に曲げ、背中全体を床にぴったりくっつける。手のひらを下にして、身体の横に添える。あごは引く

1

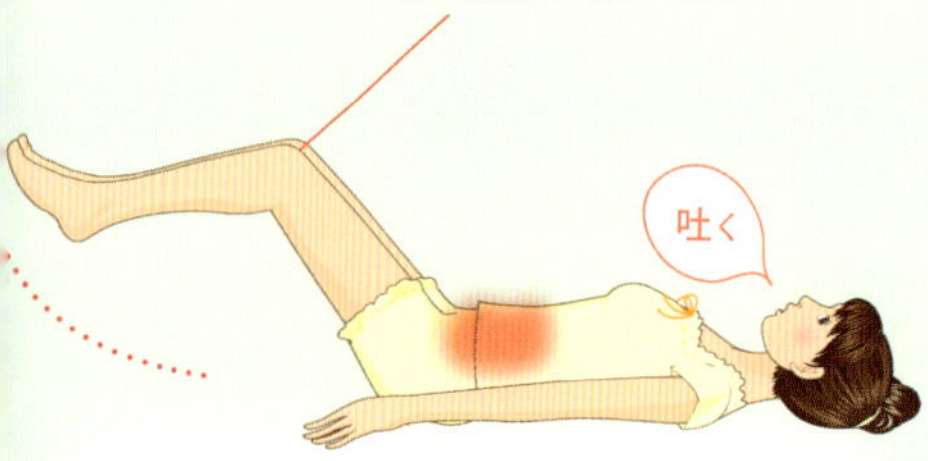

十分に息を吸っておき、1.2 で息を吐きながらひざから先を上げていき、伸ばしきる。ひざの位置は固定したまま

2

カウント 1 2

あごが上がって背中が浮いた状態だと腰に負担がかかってしまいます

Bad

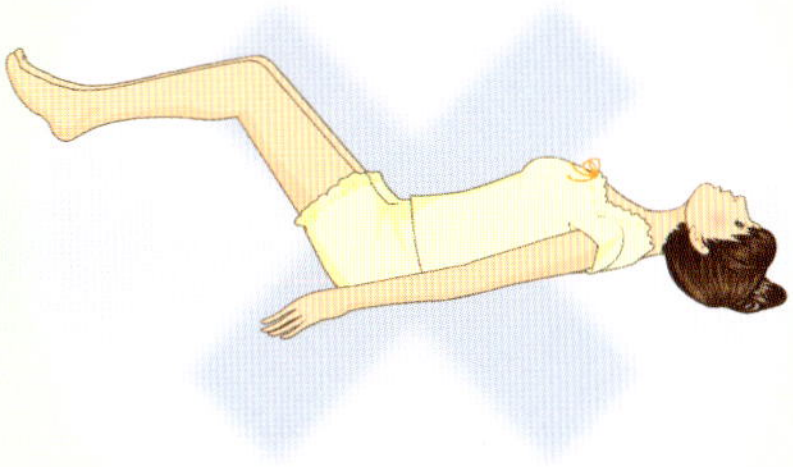

3

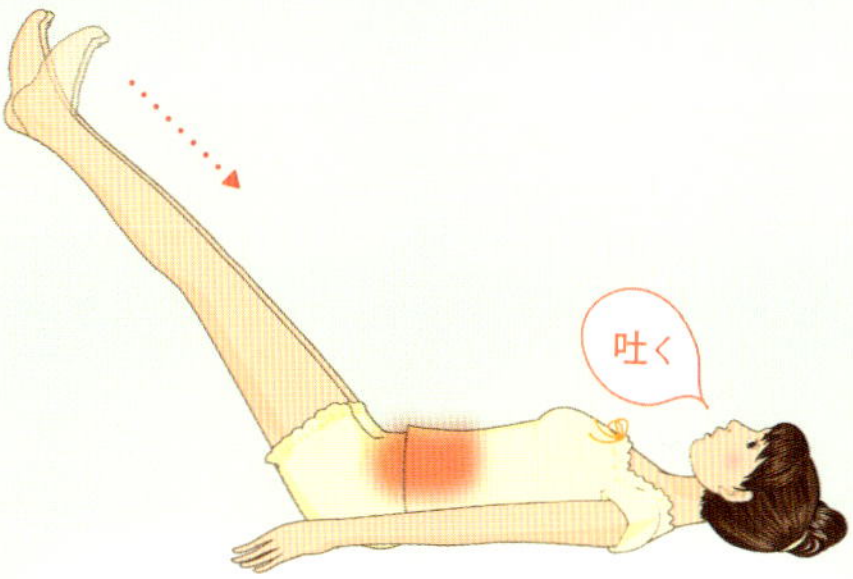

3.4で引き続き息を吐きながら、つま先を体側に倒し、下腹部にストレスをかける。おなかをへこませ息を吐ききる

4

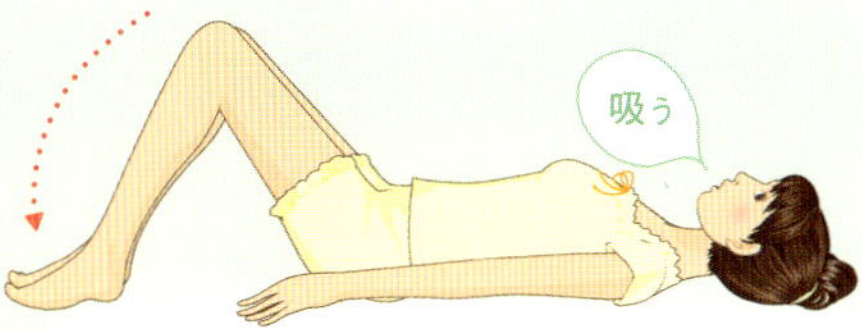

5.6.7.8で息を吸いながら、足をゆっくりともとに戻す。反動をつけないように注意。以上を8回繰り返して1セット

8 7 6 5 4 3

〜基本の体操4〜

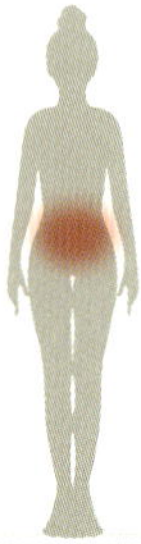

下　腹

効果のある部位

おなか

下腹を緊張させることによって、ぜい肉がつきやすいおなかまわりのサイズを落とす体操です。腹式呼吸の要領で、思いっきり息を吸って吐いてと繰り返していきます。下腹だけに意識を集中させ、それ以外の部分は力をできるだけ抜くようにするのがポイントです。

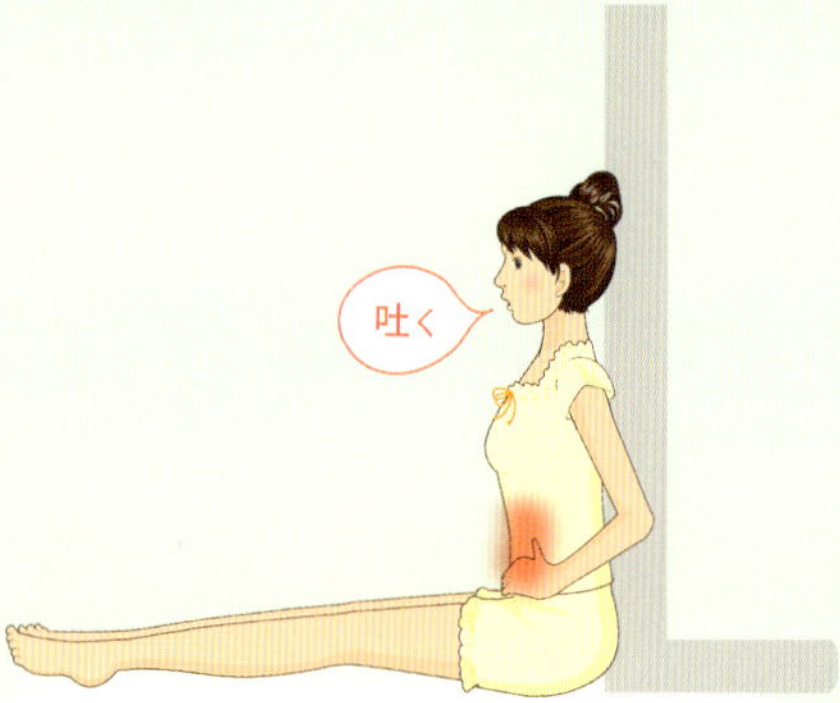

背中を壁にくっつけて座り、手をおへその下あたりに軽く添える。十分に息を吸っておき、1.2.3.4 で息を全部吐き出し、下腹を引っ込めていく

1

5.6.7.8 で息を吸い、下腹をもとの状態より意識的に少し大きくふくらませる。前かがみにならないように、背中は壁にくっつけたまま行う。以上を 8 回繰り返して 1 セット

2

8 … 7 … 6 … 5 … 4 … 3 … 2 … 1 カウント

部分痩せ体操

部分痩せ体操は全部で15種類あります。普通に生活しているだけではどうしても使わない筋肉が出てきてしまいます。メリハリのあるボディを手に入れるためには、それらの筋肉を積極的に使うことが重要です。気になる部分を集中的にケアしていきましょう。

胸の形をキレイに整える

胸郭

効果のある部位

胸

背筋を鍛えることによって、バストを美しくする体操です。ダイエットをすると胸から痩せていくことがあります。これは背中の筋力が弱くて胸の張りを保てず、しぼんでしまうためです。この体操を行うとともに、日常生活でも正しい姿勢を心がけましょう。

足を肩幅に広げてまっすぐ立ち、
腕を上げ胸の前で輪を作る

1

息を十分に吸っておき、1.2 で
息を吐きながら腕を開いていき、
背筋にストレスをかける

2

2 1 カウント

腕が下がっていると背筋にうまくストレスがかからず、効果が半減してしまいます

Bad

3.4 で引き続き息を吐きながら、左右の肩甲骨を寄せ合わせるつもりで背中の筋肉を収縮させる。同時に胸を大きく開く

3

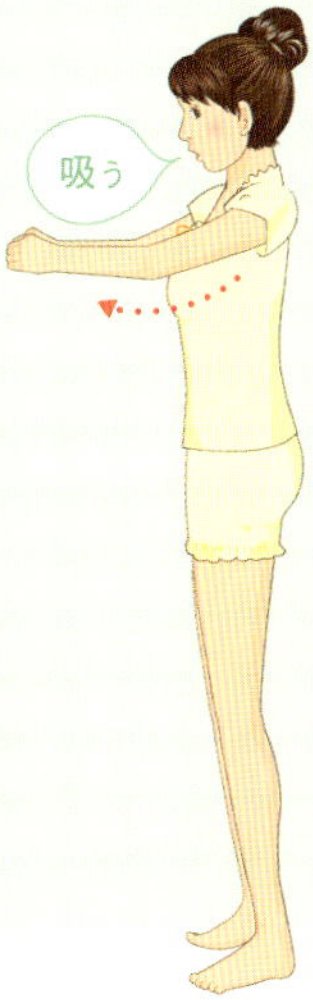

5.6.7.8 で息を吸いながら、背筋の力をゆるめ、もとに戻る。以上を 8 回繰り返して 1 セット

4

8 7 6 5 4 3

バストをグッと持ち上げる

合　掌

効果のある部位

胸

大胸筋にストレスをかけ、バストトップの位置を高くする体操です。大胸筋を鍛えることで胸をしっかりと支えます。大胸筋を発達させるエクササイズはいろいろありますが、方法によっては横幅の広い胸になってしまいます。この体操ならそういった心配は無用です。

1

足を肩幅に広げてまっすぐ立ち、ひじを肩の高さまで持ち上げる

2

息を十分に吸っておき、1.2.3で息を吐きながら指先から順に手を合わせていき、左右から思いっきり押し合わせる

3 2 1 カウント

手を合わせる位置が低いと大胸筋にストレスがかからず、効果が望めません

Bad

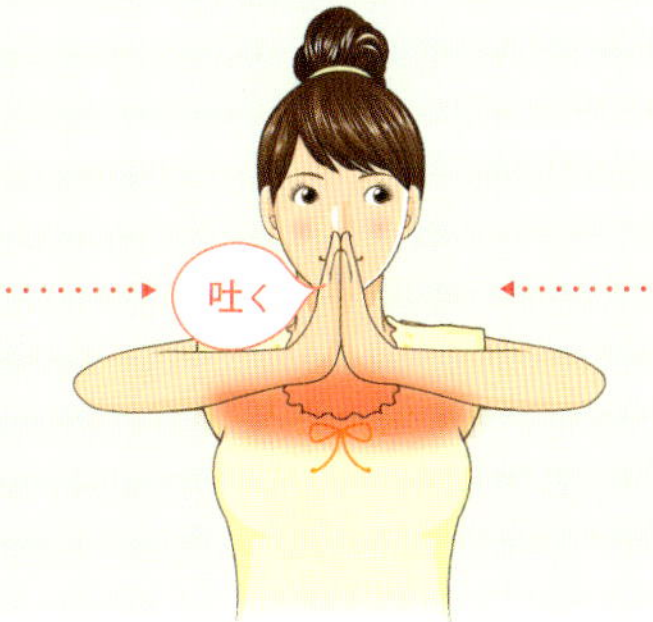

3

4 で息を吐ききるとともに、さらに両手を強く押し合わせ、大胸筋に最大限の力を入れる。このとき肩に力が入ったり、ひじが下がったりしないよう注意

4

5.6.7.8 で息を吸いながら、ゆっくりと手のひらを離していき、もとに戻る。以上を 8 回繰り返して 1 セット

8 7 6 5 4

たるんだ二の腕に効果的

トライセスカール

効果のある部位

二の腕

二の腕の後ろ側についた余分な脂肪に働きかけ、腕を細くする体操です。二の腕の前側にある上腕二頭筋は日常生活でも比較的使う筋肉ですが、後ろ側にある上腕三頭筋は、ほとんど使うことがありません。高さ70センチ程度の全体重をかけられる台を使って行います。

台を背にして立ち、逆手にして手をかけ、大きく一歩前に踏み出す。身体を一直線に伸ばし、かかとと腕だけで身体を支える

1

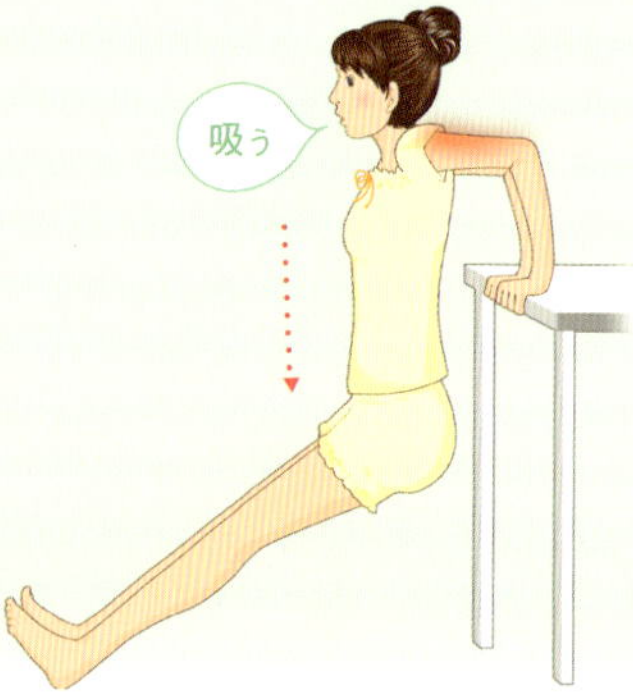

1.2.3.4 で息を吸いながら、ひじが 90 度になるまで腰を落とす。慣れるまでは 110 度くらいでもOK。曲げすぎると肩を痛めるので注意

2

4 3 2 1 カウント

腰を落としすぎると肩を痛める原因になります。最初は腕の後ろに痛みを感じるくらいでとめておきましょう

Bad

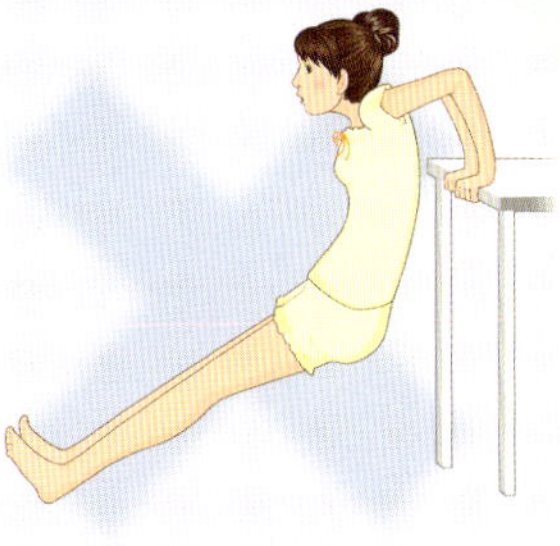

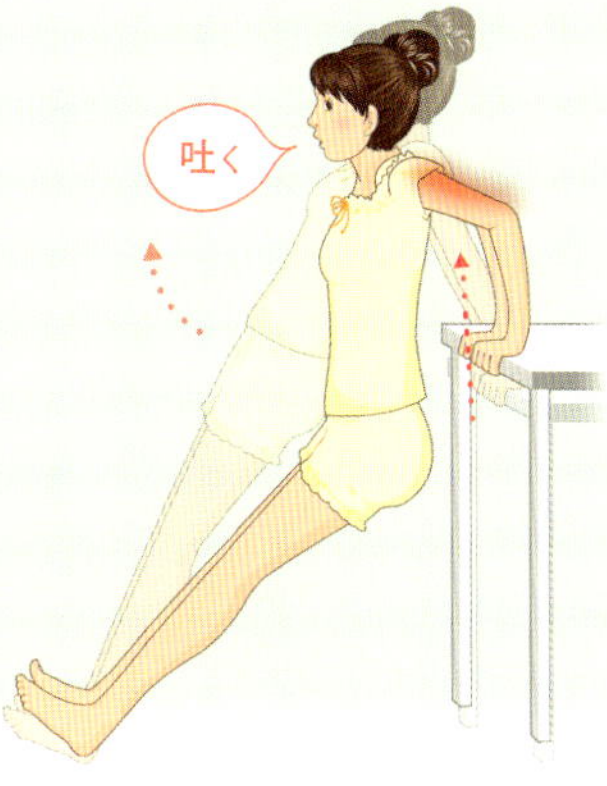

5.6.7 で息を吐きながら、曲げた腕を伸ばしていき、おなかを押し上げ、全身を反らせる。つま先は浮かせたまま

3

8 で息を吐ききって、身体全体を最大限に反り、あごを突き上げる。以上を 8 回繰り返して 1 セット

4

8 …… 7 … 6 … 5 ……

肩まわりのぜい肉をスッキリ

腕上げ

効果のある部位

上腕
肩

首のつけ根から肩にかけて、スッキリさせる体操です。ノースリーブなど肩を出す服をキレイに着こなすためには、この部分が引き締まっている必要があります。また、肩こり解消にも効果があるので、肩に重みを感じたときは早めにこの体操を行うと良いでしょう。

1

足を肩幅に広げてまっすぐ立ち、手は下腹あたりで軽くクロスさせる。頭は少し前に倒し、うつむき加減に

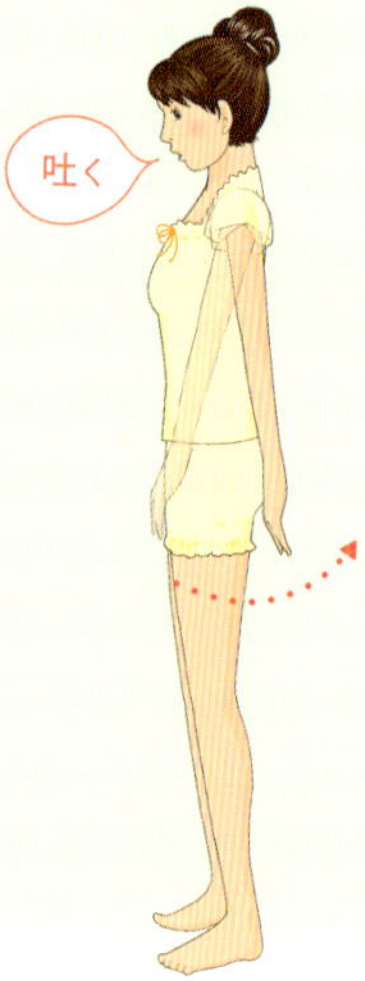

2

1.2.3 で息を吐きながら、両腕をゆっくりと真横に上げていく。両手の小指がつり上げられるイメージで

3 2 1 カウント

上体が前に倒れていると肩にストレスがうまくかからず、効果が半減してしまいます

Bad

3

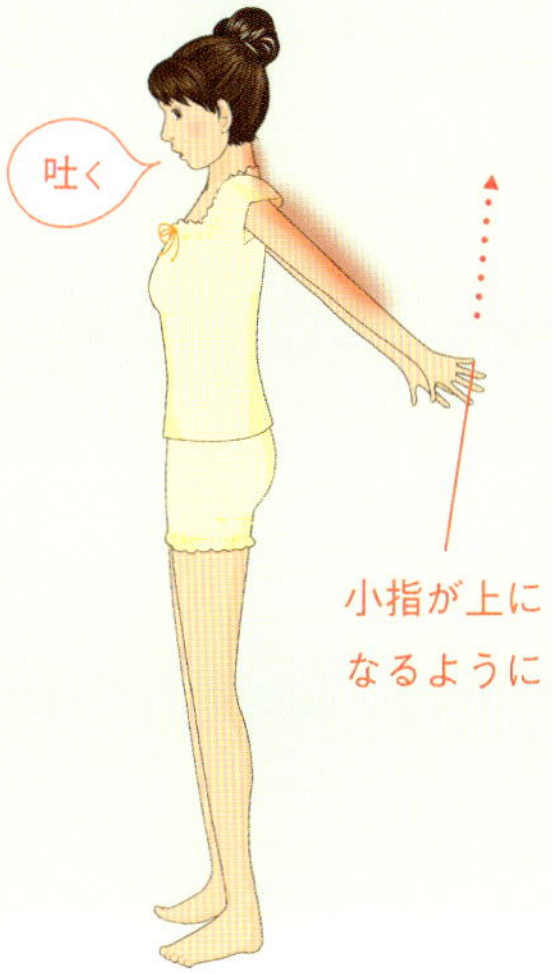

4 で息を吐ききり、肩や首のつけ根に痛みを感じる程度まで両腕を上げていき、最大限のストレスをかける

4

4

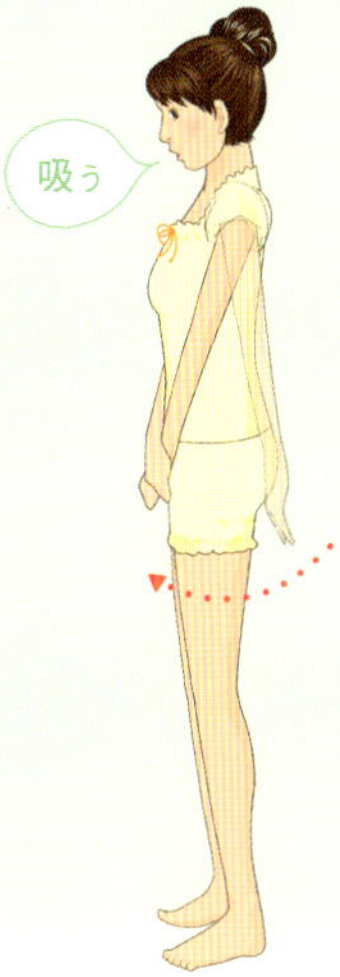

5.6.7.8 で息を吸いながら、もとの姿勢に戻る。以上を 8 回繰り返して 1 セット

8 7 6 5

背中のラインを美しくする

寝反り

効果のある部位

背中
首のうしろ

首の後ろから背中にかけてのラインを美しく引き締めるための体操です。背中は自分ではよく見えませんが、意外とぜい肉がつきやすい場所です。余分な脂肪を取り、スラリとした背中を目指しましょう。補助してくれる人がいると、より効果的にできます。

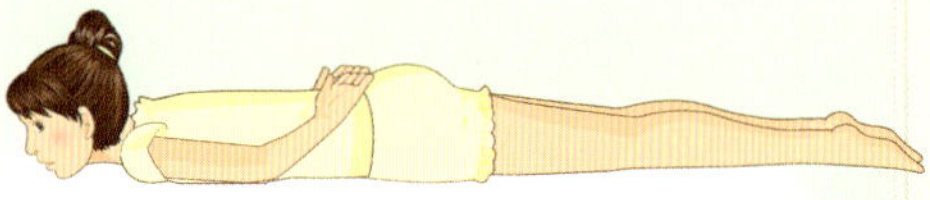

1

床にうつ伏せに寝て、手は腰の後ろに組む。ひとりで行う場合は、ベッドなどに足をひっかけて固定する。補助者がいる場合は、足首を押さえてもらう

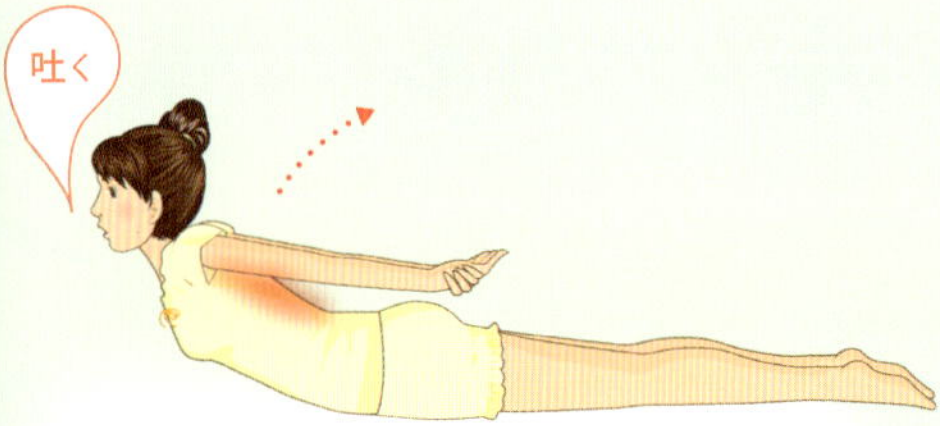

2

十分に息を吸っておき、1.2.3で息を吐きながら上体を反らせていく。その際、組んだ腕は後方へ精一杯伸ばす。補助者がいる場合は、腕を後ろに引っ張ってもらう

3 2 1 カウント

Bad

腕が下がってしまっては効果が望めません。腕と身体は平行に保ち、後方へ引っ張るように

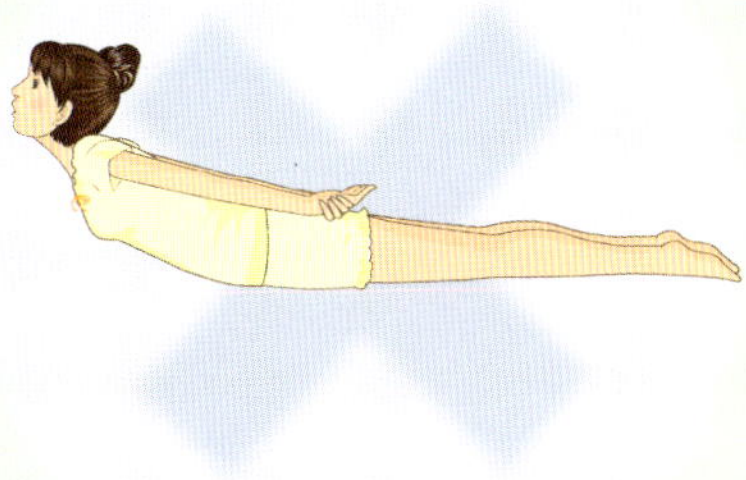

3

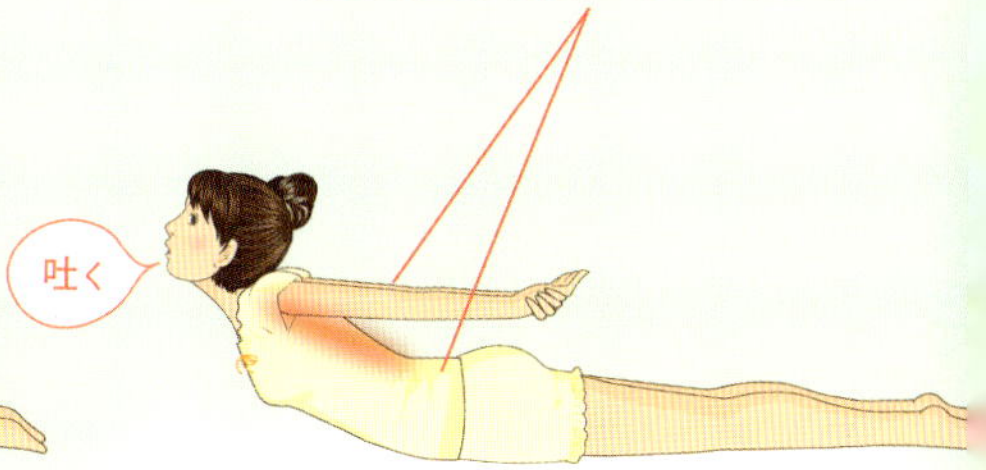

4で最大限に上体を反り、息を吐ききる。あごを上げ、腕を内側に寄せ合わせる。肩と腕が痛むくらいが効果的

4

4

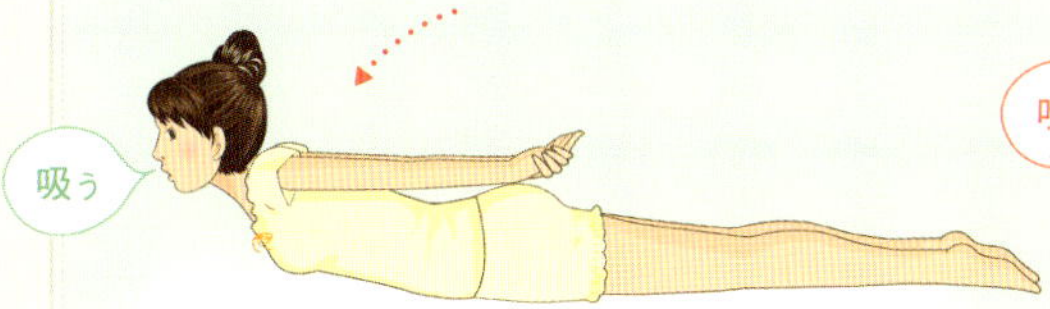

5.6.7.8で息を吸いながら、もとの姿勢に戻る。以上を8回繰り返して1セット

8 7 6 5

ウエストラインを美しくする

ロイン

効果のある部位

ウエスト
背中

背中からウエストにかけてのラインを美しく見せるための体操です。動きがとてもエレガントですから、正しいやり方がマスターできれば、より楽しみながら行うことができるでしょう。壁や柱、バーなど、身体を支えられるものにつかまって行ってください。

壁の横に立ち、右手を当てる。左足のひざを真横に開き、つま先を伸ばして、かかとを右足のふくらはぎの上あたりにつける。左手は身体の前へ

1

十分に息を吸っておき、1.2.3 で息を吐きながら左足を真後ろに上げていく。ウエストに痛みを感じる程度の高さまで上げ、顔は足の裏を見るように反らせる

2

3 2 1 カウント

足を上げていくとき、ひざは伸ばさずそのままの形を保ったまま行いましょう

Bad

4 で息を吐ききり、ウエストのななめ後ろあたりに意識を集中させ、ストレスをかける

3

4

5.6.7.8 で息を吸いながら、上体の力を抜き、足と顔をもとに戻す。以上を 4 回繰り返し、反対の足も同様に行って 1 セット

4

8 7 6 5

わき腹のぜい肉を取る

側　腹

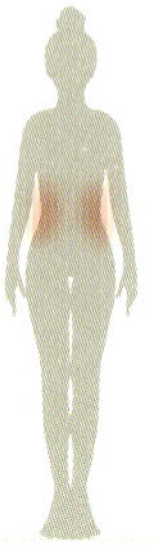

効果のある部位

わき腹

わき腹の余分な脂肪を取り、ウエストを引き締めるための体操です。横幅のサイズダウンに効果があるので、正面から見たときに、クッキリとくびれができるようになります。この体操でウエストがキュッと引き締まった、美しいボディラインを手に入れましょう。

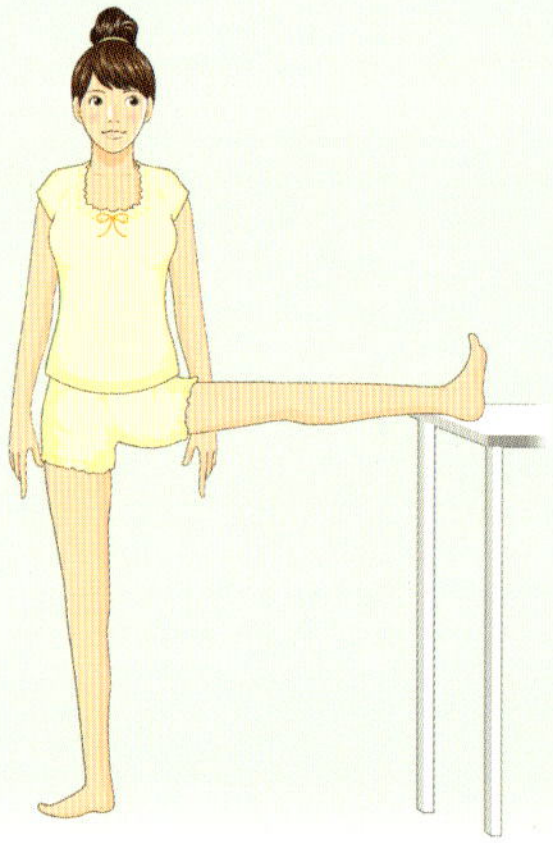

1

机やいすなど 70cm ほどの適当な台を用意する。台から 50cm ほど離れて立ち、かかとを台の上に乗せつま先は上向きに。両手は自然と後ろに垂らす

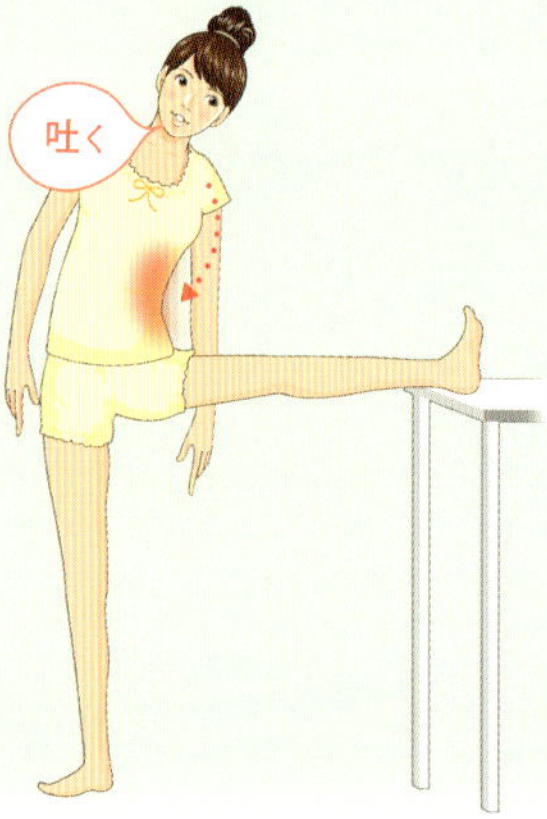

2

十分に息を吸っておき、1.2 で息を吐きながら、上げた足側の肩を腰骨にくっつけるように曲げていく。わき腹に強いストレスをかける

2　1　カウント

上体がずれてしまうとウエストに
うまくストレスがかからず、効果
が半減してしまいます

Bad

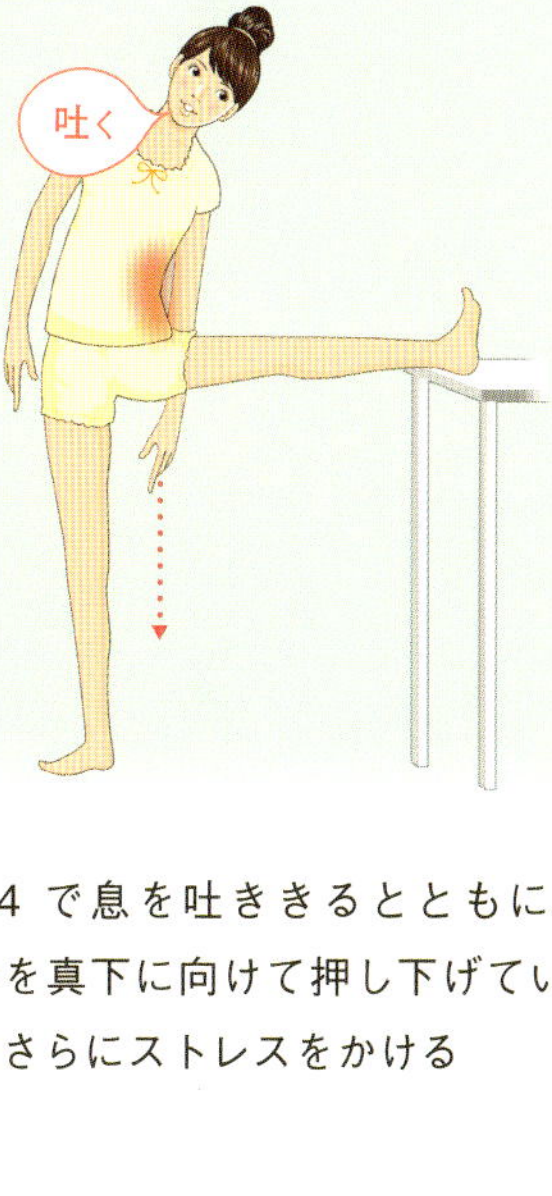

3.4 で息を吐ききるとともに、手を真下に向けて押し下げていきさらにストレスをかける

3

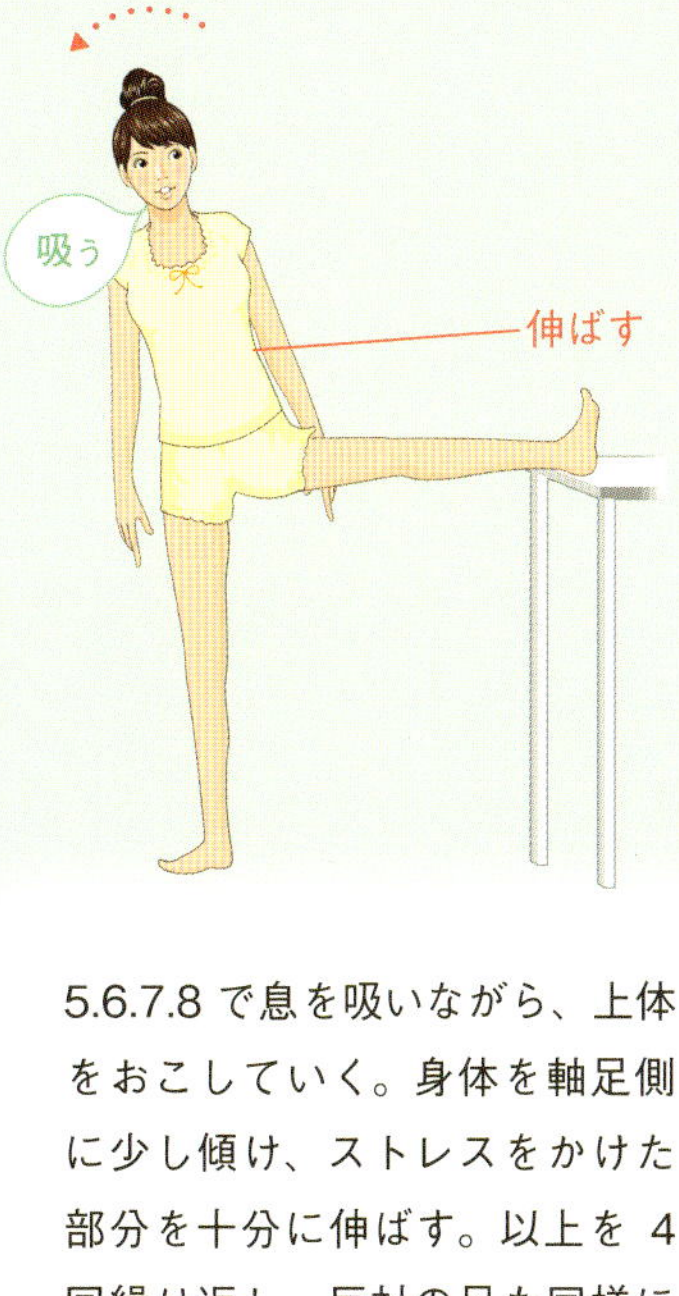

5.6.7.8 で息を吸いながら、上体をおこしていく。身体を軸足側に少し傾け、ストレスをかけた部分を十分に伸ばす。以上を 4 回繰り返し、反対の足も同様に行って 1 セット

4

8 7 6 5 4 3

ヒップアップ効果抜群

くじゃく

効果のある部位

おしり

おしりについた余分な脂肪を取って、持ち上げる体操です。おしりの位置が高くなると脚が長く見えるので、脚長のサイズが身長の半分以下だった人は取り入れてみましょう。ウエストからおしりの頂点までの長さが20センチ近くある人は、残念ながら垂れ気味です。

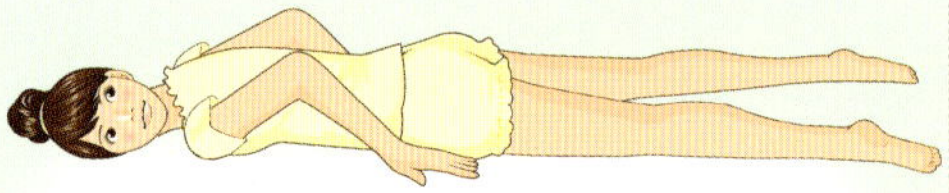

1

床にうつ伏せに寝て、ひざの間をこぶしふたつ分程度空けて、脚をまっすぐに伸ばす。手は逆手にして腰の横に持ってくる

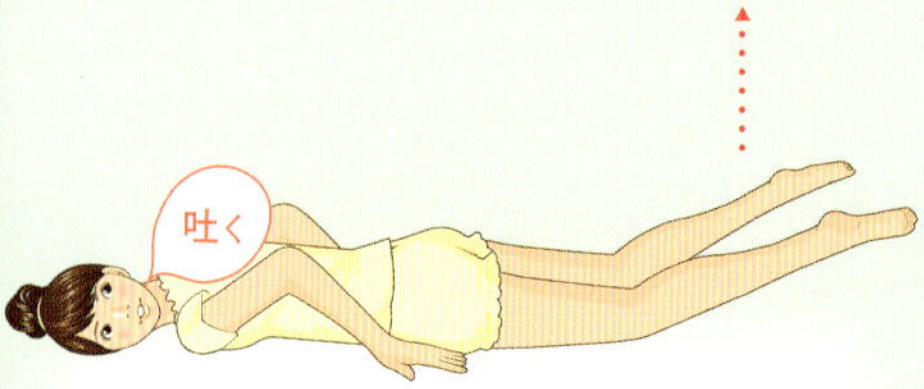

2

息を十分に吸っておき、1.2.3.で息を吐きながら、まずひざを少し曲げ、徐々に太ももを上げていく

カウント 1 2 3

ひざが曲がってしまい、おしりのほうにかぶらないように注意しましょう

Bad

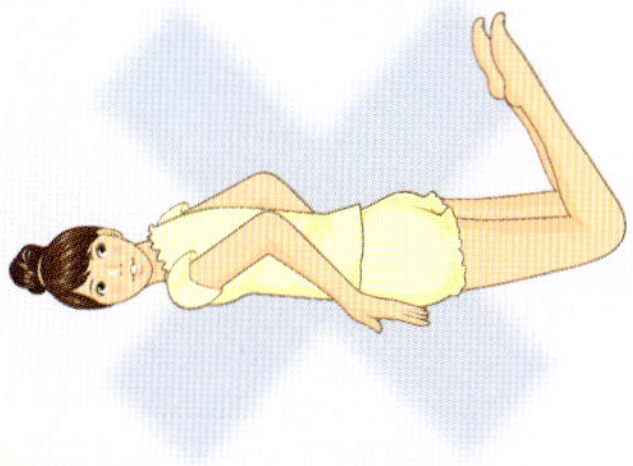

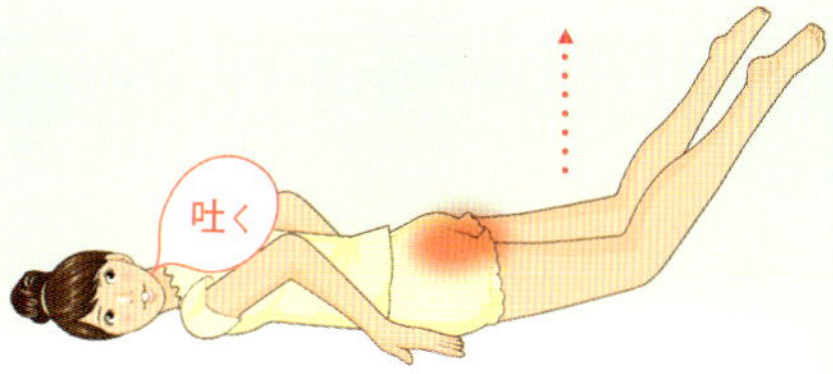

4 で息を吐ききり、おしりの上の部分に意識を集中し、ギュッと力を入れる。このときつま先に力を入れたり、ひざが伸びたりしないように

3

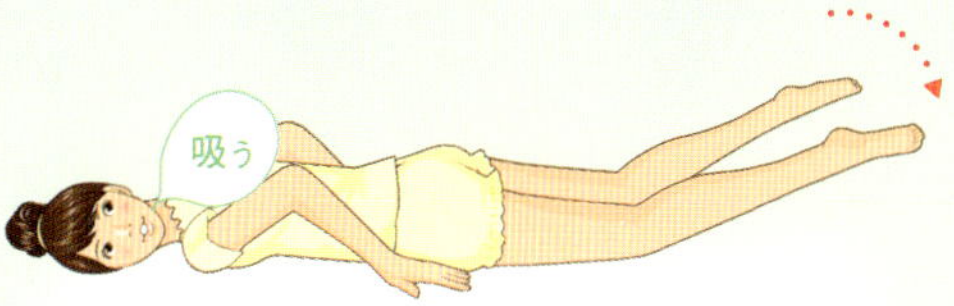

5.6.7.8 で息を吸いながら太ももからゆっくり下ろし、もとに戻る。以上を 8 回繰り返して 1 セット

4

8 7 6 5 4

太ももの後ろのぜい肉を取る

タイカール

効果のある部位

太もも
おしり

太ももの裏についた余分な脂肪に働きかけ、引き締まった脚にする体操です。太ももを引き締めることによってヒップの位置が上がるので、脚長効果も期待できます。しかもウエストからふくらはぎにかけてのラインも美しくなるという、いいことづくめの体操です。

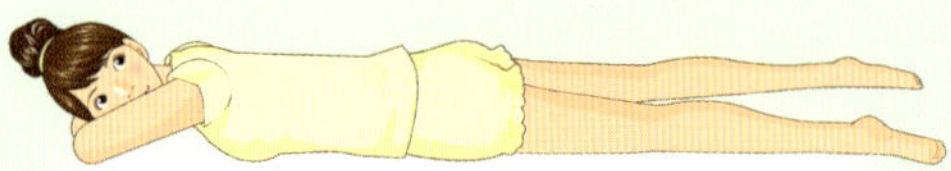

1

床にうつ伏せに寝て、ひざの間をこぶしふたつ分程度空けて、脚をまっすぐに伸ばす。両手は顔の前で重ね、顔を左右どちらかに向ける

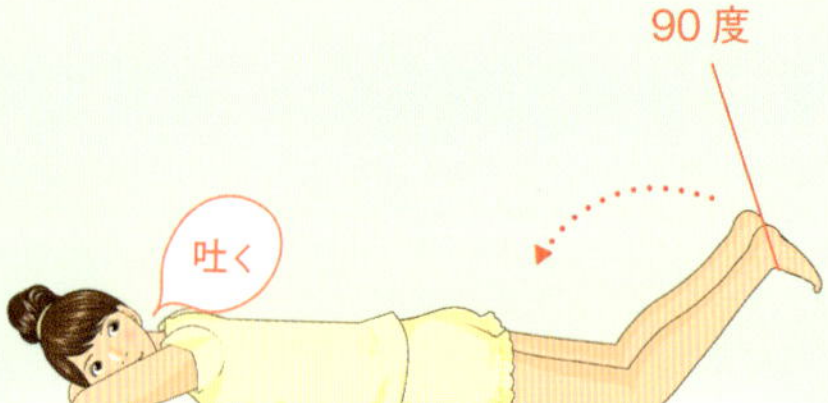

2

息を十分に吸っておき、1.2.3で息を吐きながら、かかとをおしりにくっつけるように引きつけていく。足首の角度は90度

3 2 1 カウント

Point

かかとをおしりに思いっきり引きつけましょう。自然に太ももが床から離れます

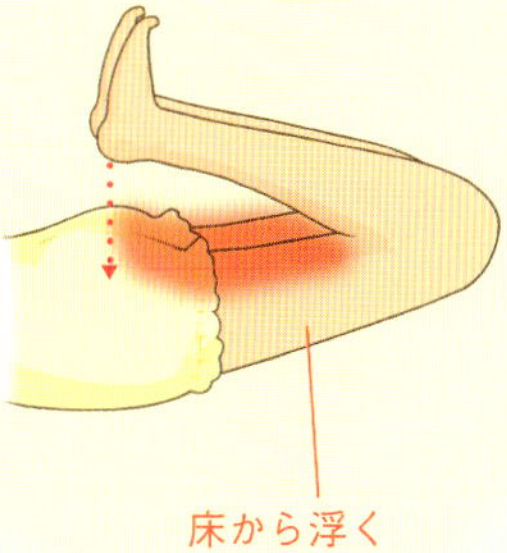

3

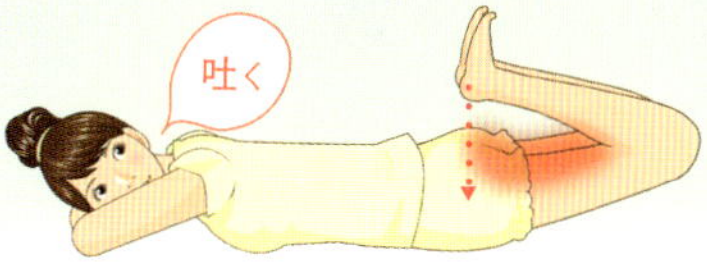

4 で息を吐ききり、太ももが床から浮くまでおしり側に引きつける。太ももの裏が痛むくらいが効果的

4

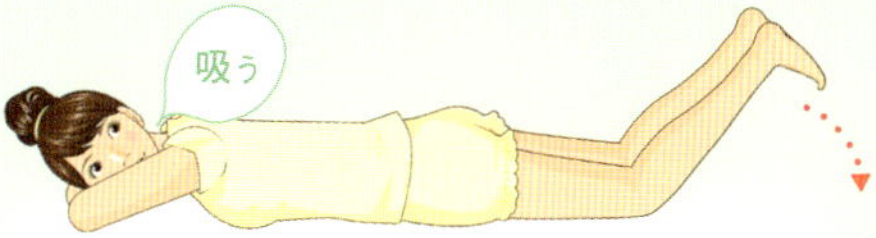

5.6.7.8 で息を吸いながら足をゆっくり下ろし、もとに戻る。以上を 8 回繰り返して 1 セット

8 7 6 5 4

太ももの前側のぜい肉を取る

前上げ

効果のある部位

太もも（前側）

太ももの前側についた余分な脂肪に働きかけ、引き締まった脚にする体操です。ひざの上にのっかった脂肪も次第にスッキリしてくるので、正面から見たときの脚の印象が変わってきます。壁や柱、バーなど、身体を支えられるものにつかまって行ってください。

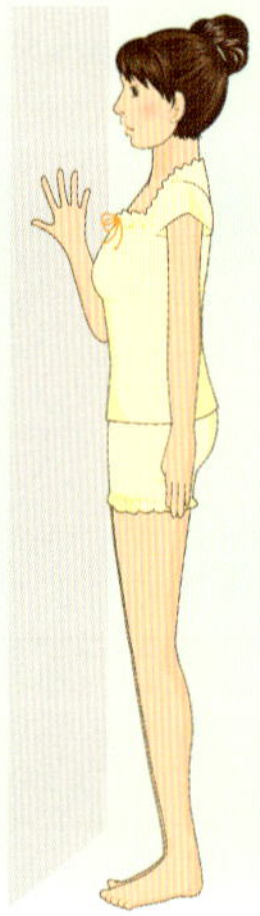

1

壁の横に立ち、右手を当てる。足をそろえてまっすぐ立つ

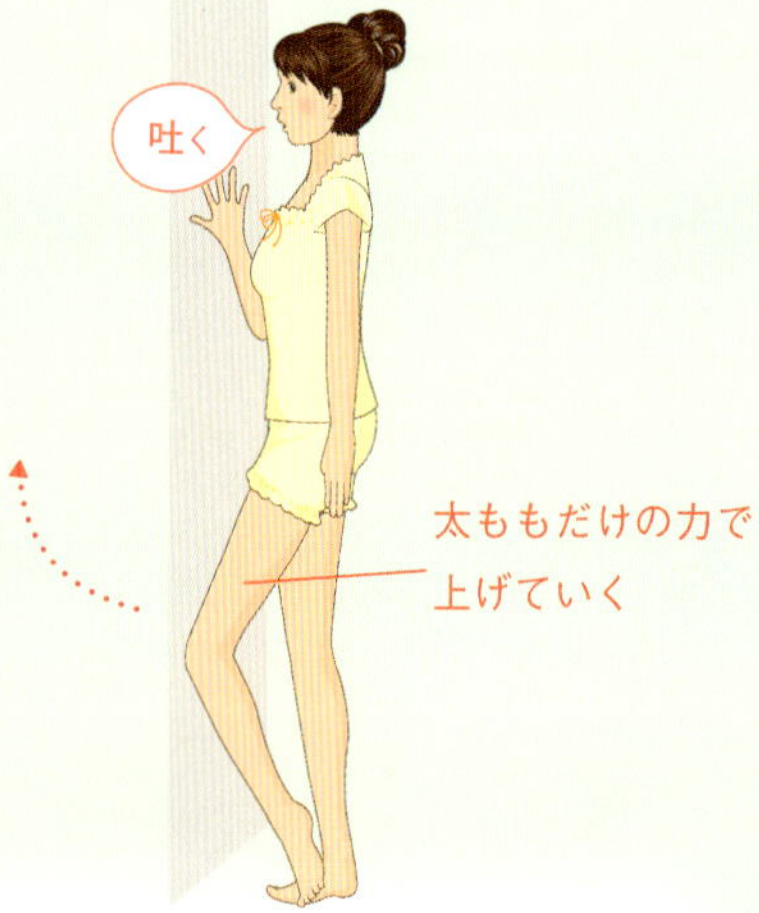

2

十分に息を吸っておき、1.2 で息を吐きながら左足をゆっくりと上げていく。ひざから下の部分は力を抜き、太ももの力だけで持ち上げるのがポイント

2 1 カウント

上体を反ってしまうと太ももにストレスがかからず、効果が望めません

Bad

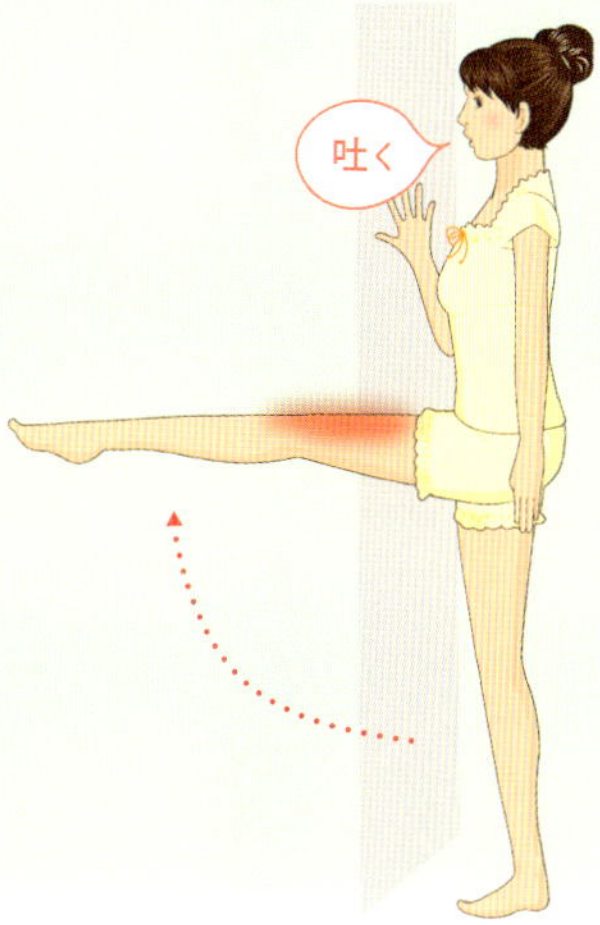

3.4 で引き続き息を吐きながら、ひざから先もゆっくりと上げていき、まっすぐに伸ばす。太ももが水平になるくらいまで

3

5.6.7.8 で息を吸いながら足をゆっくり下ろし、もとに戻る。以上を 4 回繰り返し、反対の足も同様に行って 1 セット

4

8 7 6 5 4 3

太ももの外側のぜい肉を取る

開　脚

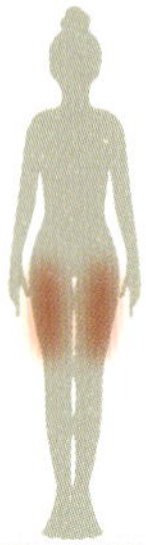

効果のある部位

太もも（外側）

太ももの外側についた余分な脂肪に働きかけ、引き締まった脚にする体操です。下半身太りで悩んでいる人の多くが、この部分にぜい肉がついているようです。外側の脂肪がスッキリすると脚がスラリと長く見え、実際よりも大幅に痩せたように感じることでしょう。

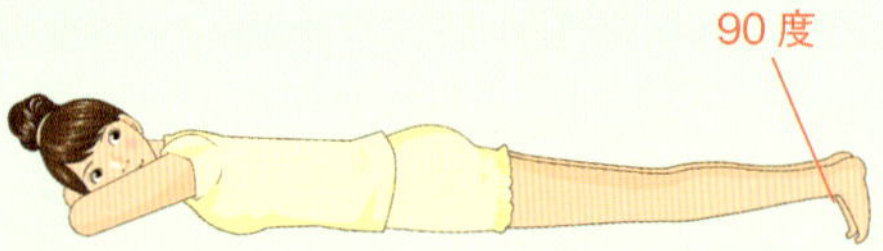

1

床にうつ伏せに寝て、脚を伸ばす。足首を 90 度に曲げ、つま先を床につける。両手は顔の前で重ね、顔を左右どちらかに向ける

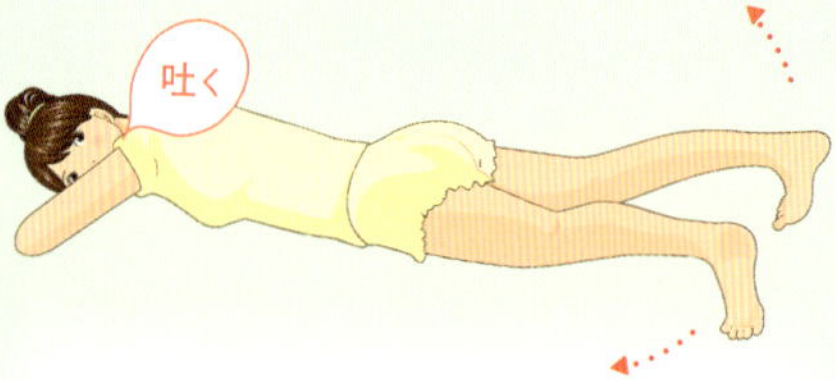

2

十分に息を吸っておき、1.2.3 で息を吐きながら太ももを少し浮かせ、脚を左右に開いていく。つま先には力を入れずかかとから開く

3　2　1　カウント

Point

つま先には力を入れず、かかとから開いていくことで太ももの外側にストレスがかかります

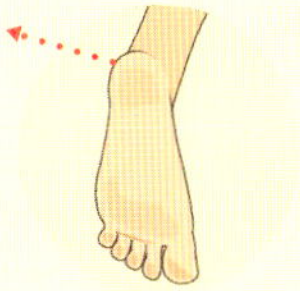

3

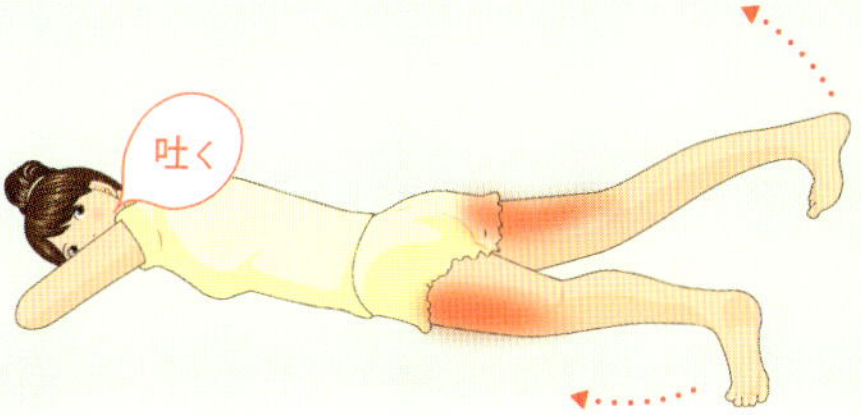

4 で息を吐ききり、これ以上開けないというところまで左右に広げる。太ももの外側が痛むくらいが効果的

4

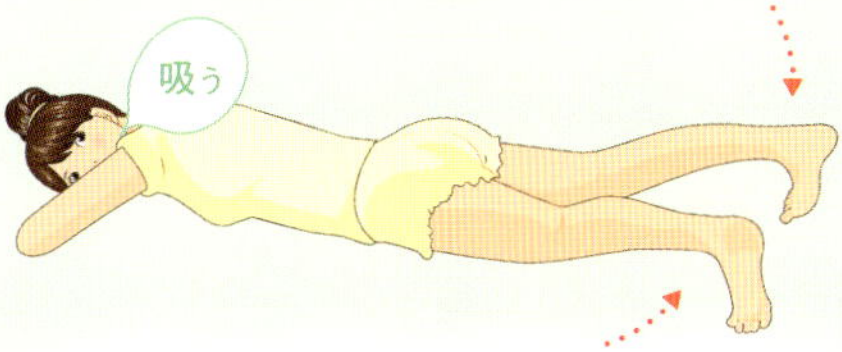

5 6.7.8 で息を吸いながら、かかとのほうからゆっくりともとに戻る。以上を 8 回繰り返して 1 セット

8 7 6 5 4

太ももの内側のぜい肉を取る

スクワットB

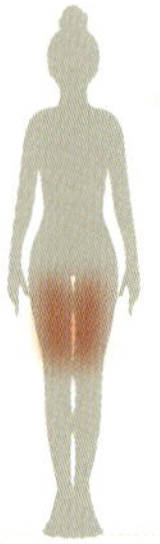

効果のある部位
太もも（内側）

太ももの内側についた余分な脂肪に働きかけ、引き締まった脚にする体操です。太ももの内側というのは、脂肪がつきやすく、落ちにくい場所です。脚をそろえたとき、太ももの内側に適度な隙間ができない人は脂肪のつきすぎですから、この体操を試してみましょう。

1
壁の 20cm 前で、足を肩幅より少し広く開いて立つ。つま先は少し外側に向ける。親指を浮かせ、小指からかかとの線で身体を支える。重心をかかとにかけ、手は耳の後ろに

2
1.2.3.4 で息を吸いながら、ひざを真横に少し開き腰をゆっくりと落としていく。正面から見たときに、ひざがつま先より外側に出ない程度（ここまではスクワットA（1〜3）と同じ）

カウント 1 2 3 4

壁にくっつけるのはおしりだけです。かかととおしりで身体を支えます

Bad

5 で息を吐きながらひざを伸ばし、同時におしりを壁にあずける。そのとき、足指はすべて浮かせ、かかとのみで立つ

3

6.7.8 でさらに息を吐きながら、ひざを寄せるように太ももの内側に最大限のストレスをかける。以上を 8 回繰り返して 1 セット。もう 1 セット行う場合は、2 分ほど休憩してから

4

5 …… 6 …… 7 …… 8

スラッとしたふくらはぎと足首に

カーフレイズ

効果のある部位

ふくらはぎ
足首

ひざから下についた余分な脂肪に働きかけ、引き締まった脚にする体操です。スカートなどをはいたときにどうしても目につく部分なので、気になる人は積極的に取り入れてみましょう。床より一段高い台などに立って行います。

1

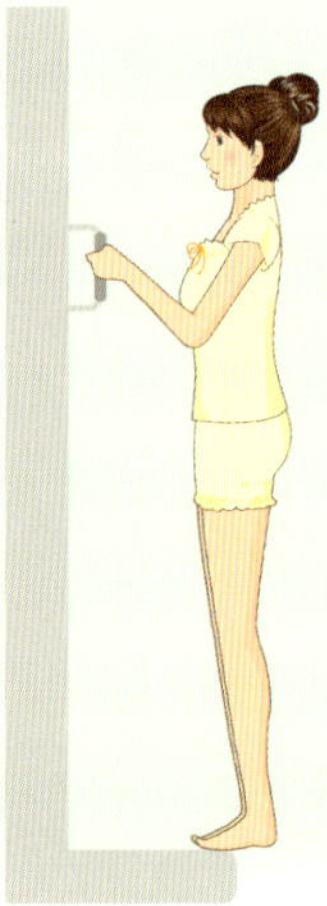

壁などつかまれるものに向かって立ち、手を当て、つま先から足の指のつけ根までを台に乗せる。かかとは浮かせたまま

2

十分に息を吸っておき、1.2 で息を吐きながら、手の力は使わずに足首とふくらはぎに力を入れて伸び上がる

2 1 カウント

Point

かかとを下げて、つま先を浮かせましょう
※指を浮かせて足を反らせることで、かかとは自然と下がる

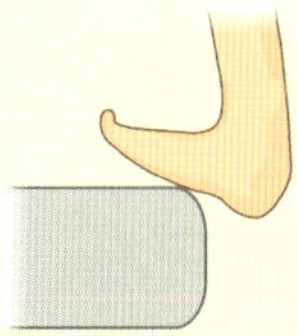

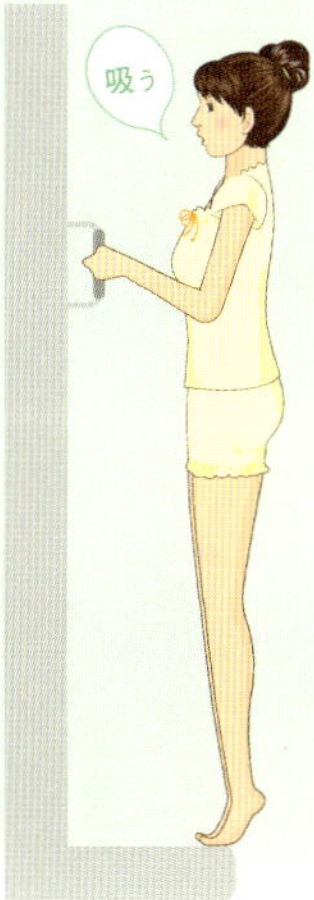

3

伸び上がったところで一瞬息を吸う

4

3.4 でまた息を吐きながら、今度はかかとを思い切り踏み下げる。一瞬で息を吸い、工程 2 に戻る。以上を 10 回繰り返して 1 セット。もう 1 セット行う場合は、2 分ほど休憩してから

4 3

骨を矯正し、O脚を改善する体操です。かかとをそろえてまっすぐ立ったとき、太もも、ひざ、ふくらはぎの3ヵ所がくっつかない人は積極的にこの体操を取り入れましょう。

O脚改善に効果あり

HSO

効果のある部位

脚

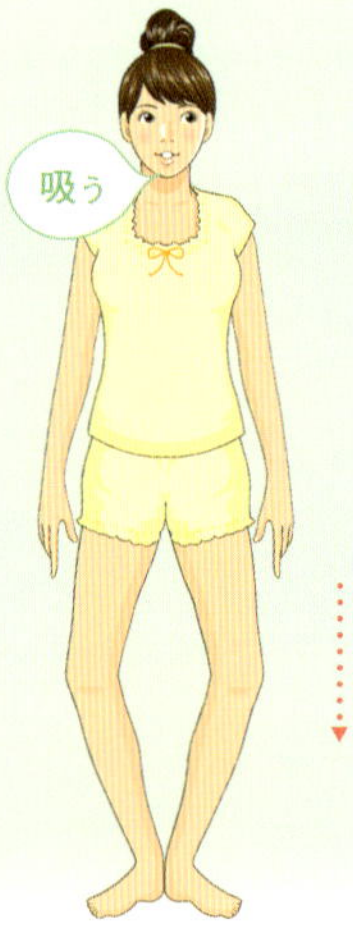

吸う

両足のかかとをつけ、つま先を60度に開いた状態から、1.2.3.4で息を吸いながらひざを開き曲げていく。上半身は力を入れず、手は自然に垂らす

1

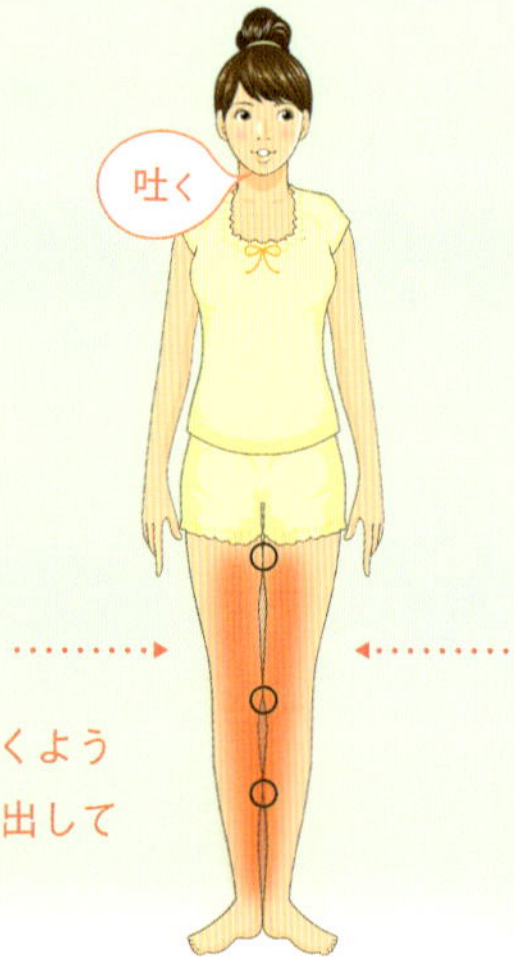

吐く
3箇所がくっつくように最大限の力を出して

5.6.7.8で息を吐きながら、ひざを伸ばしていく。太もも、ひざ、ふくらはぎの3ヵ所がくっつくように思いっきり力を入れる。以上を8回繰り返して1セット

2

8 7 6 5 4 3 2 1 カウント

二重あご解消&ほっそりした首に

あごの前屈

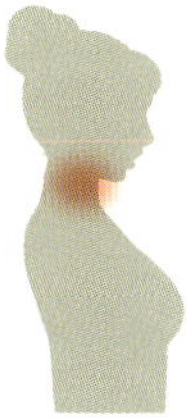

効果のある部位

フェイスライン
首

あごのまわりについた余分な脂肪に働きかけ、フェイスラインをスッキリさせる体操です。なかなか落ちにくい部分ですが、続けることで確実に効果が期待できます。また、首のシワやたるみが気になる人にもオススメ。

1

息を十分に吸っておき、1.2.3.4 で息を吐きながら、前に顔を倒す。あごを首に引きつけてできた二重あごをつぶすイメージで

2

5.6.7.8 で息を吸いながら、力を抜き、頭を後ろに倒していく。反対側の首筋に痛みを感じるくらいが効果的。以上を 8 回繰り返して 1 セット

8 7 6 5 4 3 2 1 カウント

体操終了後は、次の 3 つの方法できちんと運動ができていたかを毎回確認するようにしましょう。

1 つ目の方法として、準備体操直後に、あらかじめ5秒間の脈拍数を計っておきます。そして1セット終了後、同じく5秒間の脈拍数を計りそれとくらべます。体操の種類によって多少違いますが、準備体操後の脈拍数にくらべ、1 ～ 3 上がっているのが目安です。

2 つ目は、体操をした翌日、身体に重さや痛みがあるかを確認することです。身体にまったく変化が見られない場合は、ストレスのかけ方や呼吸法が正しくなかったなどの原因が考えられますから、一度見直してください。逆に、3 日経っても体に重さや痛みが残っている場合は、少しセット数を減らしましょう。

3 つ目は、体操翌日の尿の色をチェックすることです。正しい体操ができていれば尿の色も濃くなるので、目安にしてください。

第3章

入浴

Bathing

美肌になるための入浴方法

ミス日本式では、メリハリのあるしなやかなボディを手に入れるだけではなく、美肌も一緒に追求していきます。肌にハリがなく、カサカサしているようでは、せっかく美しいボディラインを手に入れたとしても台無しですよね。

美しい肌を手に入れるためにミス日本式が提案しているのが、「45分間入浴法」です。

ダイエットをして体重が落ちると（特に急激に痩せると）、肌がシワシワになったり、たるんだりすることがあります。週に1回の45分間入浴法を行うことによって、それらを予防するのが一番の目的です。もうひとつの狙いとして、日本人女性が本来持っている、肌の美しさを引き出すということがあります。日本人女性の肌はとても白い上に、キメが細かく、世界的に見てもとても美しい肌をしていますから、皆さんには自信を持っていただきたいと常々思っています。

私が「美肌になるための入浴」とはじめに申し上げたのは、たまに、「汗をかいて痩せるために入浴する」という人がいるからです。お風呂で汗をいくらかいても減量にはなりません。たしかに、お風呂から出た直後ならいくらか体重は落ちていると思います。しかし、その後水分を取ってしまえばすぐにもと通りです。

また、新陳代謝を上げるために長時間湯ぶねに浸かっている、という人も案外多いのですが、心臓にかかる負担の大きさを考えると、あまり感心できることではありません。

ミス日本式は、身体に負担の少ない、あくまでも美しい肌を手に入れるための入浴法です。では、どうして美肌になれるのか、なぜ45分間なのか、45分間も入っていて身体に負担はないのかを解説しましょう。

45分間の入浴でアカをスッキリ落とす

この本を手に取ってくれたあなたなら「ターンオーバー」という言葉をご存知かと思います。これは、新しい肌が生まれ変わるサイクルのことで、正常な肌ならば28日周期です。肌では常に新しい細胞が作られ、古い細胞は皮膚の表面へと押し出されていきます。役目が終わった細胞は、最後にアカとなり、私たちの身体から離れていきます。

しかし毎日お風呂に入って、しっかり汚れを洗い流すことができている人でも、なかなかアカまで落とすことはできないといわれています。

アカがたまってくると、28日周期だったサイクルは延びていき、肌の再生がうまくいかなくなります。すると、肌はどんどんくすんでいってしまいます。そこで、ミス日本式では、特別な入浴方法によってアカをすっきりと落とし、肌のターンオーバーを促すという手法を取っています。

体重を落とすだけのダイエット法では皮膚の代謝が間に合わず、シワになることがありますが、ミス日本式の場合は代謝力そのものが強くなっているので、新しい細胞が内側からどんどん生まれています。そこでお風呂を効果的に使って、表面積の大きな古い皮膚を取り除き、サイズダウンした身体にマッチした、ハリのある美しい肌を表に出してあげるわけです。

次に45分間入浴法ですが、実際に湯ぶねに浸かっているのは20秒×8回＝１６０秒です。合計しても3分も浸かっていません。浴槽で身体を温めると、毛細血管が広がり血液の流れが活発になります。これは心臓にとってはハードです。ですから、45分間入浴法では、心臓の負担が大きくなる前に出るようになっています。では、湯ぶねに浸かっている合計の時間は短いのに、なぜ入浴に45分間もかかるのかというと、髪や顔を含めて全身を2回ずつていねいに洗い、その上でアカスリを行うからです。あいだでこまめに入湯も繰り返します。詳しい入浴方法は後述しますが、そうすることによってアカがふやけて、キレイすっきり落とすことができるのです。

アカスリのうれしい効果

アカスリを行うのは、単純に表皮にたまったアカを落とすためということもありますが、同時に「リンパマッサージ」をする目的もあります。

リンパ管にはリンパ液が流れており、身体にある老廃物を排出するという重要な役割を果たしています。リンパの循環が停滞し、老廃物が体内にたまると、太りやすく痩せにくい体質になってしまいます。また、むくみやセルライトの原因にもなるといわれています。

しかし困ったことに、リンパ液は血液と違って、押し流してくれる役割をしてくれるもの（血液でいうところの心臓）がありません。その上リンパ管は細く、筋肉や関節を動かしたときにゆっくりと動く程度ですから、意識的にリンパ液を流すようにしてあげなければなりません。

そこで入浴時に軽くマッサージをして、リンパ液をしっかりと循環させていきましょう。

45分間入浴のルール

ルールといってもたったひとつ、しかも「空腹時に入る」という簡単なものです。これは、胃が空っぽの状態のときに入浴するほうが、皮下脂肪がエネルギー源として使われやすくなるからです。それに、おなかが満たされているときに入浴をしてしまうと、消化不良を起こしてしまいます。食べ物を消化する際に必要となる血液が、毛細血管に多く送られ、内臓に集まりにくくなっているためです。

以上の理由から空腹時に入りますが、目安は週に1回です。週に1回の体操後に入浴する習慣をつけると良いでしょう。最初はそれほどアカが出なくても、この入浴法を何度か繰り返すうちに、ポロポロとたくさん出てくるようになると思います。

アカスリを毎日行いたいという人もいると思いますが、アカのたまるスパンを考えると、週に1回で十分です。

45分間入浴法

1

湯ぶねに浸かる前に全身に湯をかけ、身体の汚れを簡単に落とす。心臓への負担を軽減するため、手先足先から

2

20 秒間湯ぶねに浸かる。お湯の温度は 40 度程度。20 秒以上は浸からないように

3

髪や顔も含め、全身を洗う。身体を洗うときは、心臓から遠い足先から洗っていく。洗い流したあと 2 回目の 20 秒間入湯

4

手先から腕、肩、首まわりを部分洗いする。ひじは円を描くようにして洗い、腕はつけ根に向かって洗う。洗い流したあと 3 回目の 20 秒間入湯

5

脚、お尻、腰を部分洗いする。脚はつま先からつけ根に向かって洗う。腰は上から下へ。洗い流したあと 4 回目の 20 秒間入湯

6

胸、おなか、わきを部分洗いする。胸は円を描くようにして軽く洗う。わき腹も忘れないように。洗い流したあと５回目の20秒間入湯

7

背中を部分洗いする。手の届かないところは、タオルをたすきがけにして洗う。洗い流したあと６回目の20秒間入湯

8

顔、髪をもう一度洗う。髪のトリートメントはこのときに行う。洗い流したあと７回目の20秒間入湯

9

身体と顔のアカスリを行う。詳しくは次のページ。アカスリ後８回目の20秒間入湯

10

最後に、桶を使い15杯ほど水浴びをする。心臓から遠い足先から順番に水をかけ、全身の毛穴や汗腺を引き締める。最初はぬるま湯にし、徐々に冷水にしていく

アカスリの方法

身体はできればアカスリ用の綿100%のタオルを使います。1枚で体洗いもアカスリもできる「おぼろガーゼタオル」をオススメしています。顔はタオルを使わずに指先だけでマッサージします。

【身体】

一度湿らしてからかたく絞ったタオルをイラストのようにクルクルと巻き、身体の先端から心臓に向かってこすっていく。10cm間隔でタオルを動かし、小刻みに行うのがコツ。力を入れると、アカの下にある新しい皮膚まで傷つけてしまう可能性があるので、あくまでも軽く、なでるように

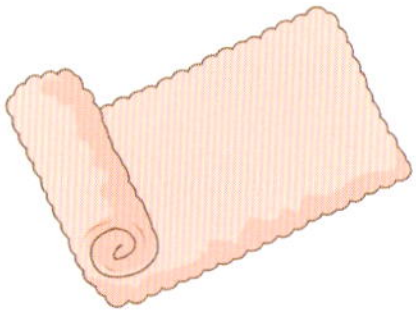

【顔】

人差し指、中指、薬指の腹の部分を使ってこすっていく。顔の皮膚は体にくらべてデリケートなので慎重に

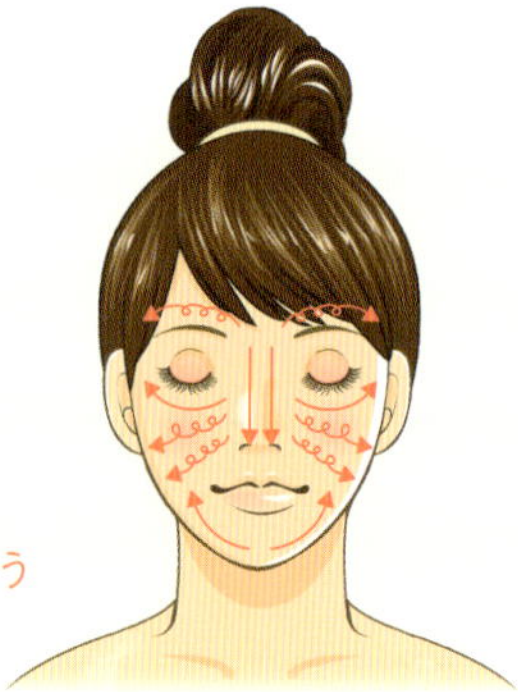

矢印の方向に向かって
マッサージしていきましょう

第4章

仕事・休息

Work & Relax

仕事～イキイキと活動をする時間～

　ミス日本式では、ダイエットの効果を高め、気持ちに張りを持たせるために「仕事」の時間を大事にしています。

　ここでいう「仕事」とは、何も会社やお店で働くことだけを指しているわけではありません。日常生活における、料理や掃除・洗濯といった家事全般、散歩、軽いスポーツなども含まれます。絵を描く・裁縫をするといった趣味や、ブログを更新したり、公園やショッピングに出かけたりする時間も仕事としてとらえます。

　食事の章にて「食事と食事のあいだは、最低６時間以上空ける」というルールをお話ししました。また、そのとき「睡眠時間や、ボーっとする時間、テレビなどを見ている時間を除いた６時間」だということも併せてご説明しました。

　ダイエット中にダラダラと過ごしてしまう時間が多いと気がゆるみがちになってしまい、それが原因で間食をしてしまったり、週に１回の体操をおろそかにしてしまったりする可能性が高くなります。

食事と食事のあいだは、ある程度の緊張感を持ち、６時間以上仕事をするようにしてください。そうすることで気分が晴れやかになり、生活にもメリハリが出てくることでしょう。また、食事で摂ったものもしっかりと消化されるので、余分なエネルギーを体内にため込むこともありません。

仕事は、飽きずに楽しく、長く続けられることをすることが何より大切です。オフィスワークで忙しい人も、少しでも楽しめるように、ひと工夫できたらハッピーです。好きな紅茶を用意したり、許される環境なら好きな音楽を聴きながら働くのもいいかもしれません。ちなみに、ハードなスポーツは長時間続けてはいけません。週１回の体操サイクルを乱してしまうので避けるようにしましょう。

休息～疲労をためないための時間～

ここで言う「休息」とは、週に1回の体操以外の6日間を指します。体操を週に1回しか行ってはいけないのは、身体が新しい筋肉や血液・細胞を作ろうとしているときに、さらにストレスをかけると生体反応が崩れ、ダイエットを妨げることになってしまうからです。これについては、50ページに詳しく書いてあります。

しかしながら、痩せたいという気持ちが強いあまり、週に何度も体操を行ったり、独自に筋トレやジョギングをしたり…という人があとを絶たないのが現状です。そこでミス日本式では食事や体操、入浴や仕事と同様に「休息」というカテゴリーを設け、大事なファクターとして指導するようにしています。

体操後の体重の変化をみると、体操をした翌日は体重が少し増え、さらに翌日も増えています。しかし3日後くらいを境に、体重は下降線カーブを描き、5～7日後でもっとも落ちます。もっとも落ちきったときというのは、前回の体操による代謝や筋肉の新生が終わったときであり、次の体操をはじめる良いときであるわけです。

もし、体操によって引き起こされた代謝が終わらないうちに、新たに強いストレスをかけてしまうと、筋肉の新生はいつまでも完了されず、体重が増えたり余計に筋肉がついてサイズアップする結果を招いてしまいます。

ですから本当に痩せたかったら、週に1回、地道にミス日本式を行うだけのほうがいいのです。体操を行ったあなたの身体は、みずみずしい肉体に生まれ変わろうとがんばっています。ですからその経過を見守り、良質な睡眠を取れるように心がけるのが良いでしょう。

週に1回のみ10分間だけ体操をする。これが美しいメリハリボディを手に入れるための一番の近道だということを、ここで改めて認識してもらえたらと思います。

コラム　美しい姿勢を手に入れる

　いくら外見的に美しくても、猫背だったり、座ったときにひざが開いているようでは興ざめです。ミス日本式にチャレンジすることによって、美しい姿勢を保つために必要なインナーマッスルを鍛えることができます。

　次に紹介する「美しい姿勢に見えるポイント」を押さえて、さまざまなシーンで意識するようにしてください。ミス日本グランプリ候補生たちには、鏡に映る自分が美しく見えるようになるまで練習が必要だと常々言っています。鏡や窓ガラスに映る自分をこまめにチェックするようにしましょう。

立ち方

後頭部、肩甲骨、ヒップ、かかとの
４点が壁についているイメージ

座り方

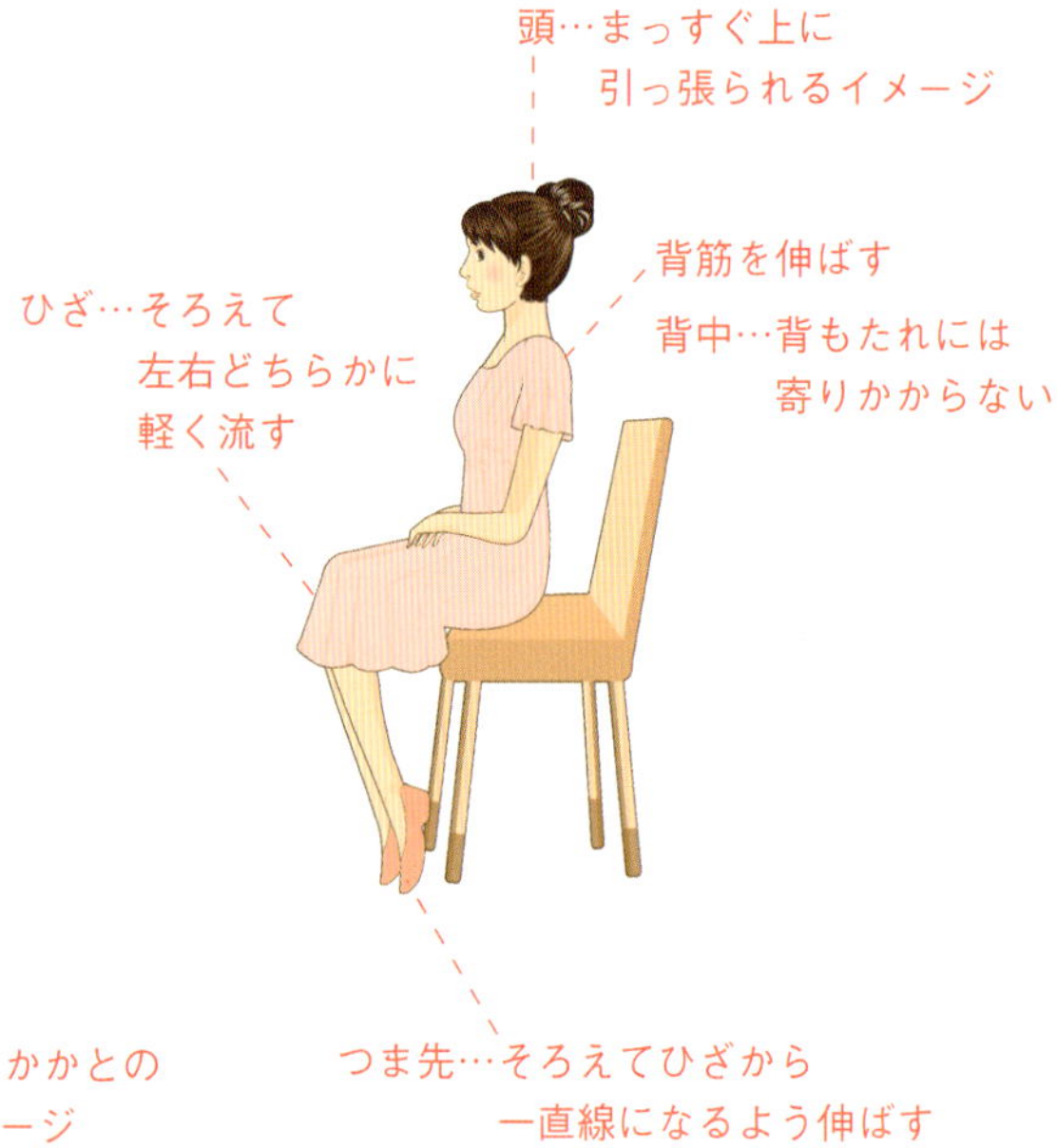
頭…まっすぐ上に
引っ張られるイメージ
背筋を伸ばす
背中…背もたれには
寄りかからない
ひざ…そろえて
左右どちらかに
軽く流す
つま先…そろえてひざから
一直線になるよう伸ばす

巻 末

万能レシピ

Recipe

ボリューム満点
ギリシャ生まれのムサカ

【材料】（２人分）
牛ひき肉　100g
にんにく　１片
たまねぎ　1/4 個
トマトの水煮　1/2 缶
なす　１本
ゆで卵　１個
とろけるチーズ・オリーブオイル
タイム・塩・こしょう　適量

ホワイトソース
小麦粉　大さじ１
バター　大さじ１と 1/2
牛乳　250cc
塩・こしょう　適量

【作り方】
1. 鍋にオリーブオイルをひき、みじん切りにしたにんにくと、スライスしたたまねぎを中火で炒め、たまねぎが透き通ってきたら牛ひき肉を加える。

2. 牛ひき肉に火が通ったら、トマトの水煮とタイムを入れ、弱火で 15 分煮込み、塩・こしょうで味を調える。

3. なすは厚さ 7mm 程度の輪切りにし、オリーブオイルをひいたフライパンで両面を焼く。ゆで卵は輪切りにする。

4. 耐熱皿になすを敷き、２とゆで卵を重ねていき、ホワイトソースをかける。最後にとろけるチーズをのせ、200 度のオーブンで 15 分焼く。焦げ目がついたらできあがり。

【ホワイトソースの作り方】

フライパンにバター、小麦粉を入れ炒める。粉っぽさがなくなり、色が少しついてきたら牛乳を加えよくかき混ぜる。仕上げに塩・こしょうで味を調える。

手間のいらない

サーモンときのこのホイル焼き

【材 料】（２人分）

生鮭　２切れ

ホタテ　２個

きのこ類　好きなだけ

ベーコン　１枚

バター　小さじ２

レモンスライス　２枚

酒・塩・こしょう・しょうゆ　適量

【作り方】

1. 30 × 30cm のアルミホイルを２枚用意する。中央に生鮭をおき、その上にホタテ、きのこ類をのせ、1cm 幅に切ったベーコンを散らす。これを２つ作る。

2. １にそれぞれバターをのせ、塩・こしょうをして酒をふる。

3. 具を包むように端から重ね折りしていき、200 度のオーブンで 15 分焼く（フライパンでも可）。
しょうゆ、レモンはお好みで。

副菜として大活躍！

超かんたん7品目サラダ

【材料】（2人分）
キャベツ　6枚程度
アサリのむき身　100g
エビのむき身　4尾程度
わかめ（もどしたもの）　80g
白ワイン　大さじ2
塩　適量

ドレッシング
ピーナツバター　大さじ2
マヨネーズ　大さじ1
しょうゆ　小さじ1

【作り方】
1．キャベツは一口大に切り、熱湯でサッと茹でる。アサリとエビは白ワインと塩を入れた熱湯で茹でる。

2．ドレッシングの材料はよく混ぜ合わせておき、1と適当な大きさに切ったわかめと混ぜ合わせ器に盛る。

栄養バランス100点

具だくさん汁

【材 料】（2人分）
豚バラ肉塊　100g
（スライスでも可）
アサリ　10個程度
にんじん　1/3本
大根　1/10本
ごぼう　1/3本
白菜　3枚程度
しいたけ　2個
長ねぎ　1/2本
油揚げ　1/2枚
わかめ（もどしたもの）　少々
油　大さじ1
だし汁（かつおと昆布）　600cc
味噌・しょうゆ　適量

【作り方】
1. ボウルに塩水（カップ1に対して塩小さじ1）、アサリを入れて30分ほどおき、砂抜きをする。

2. 鍋に油をひき、一口大に切った豚肉を入れ、少し焦げ目がつくまで両面を焼く。

3. 2に乱切りにしたにんじん、厚さ5mm程度のいちょう切りにした大根、ささがきにしたごぼうとだし汁を加えて煮る。アクが出てきたらすくい取る。

4. 具をやわらかくなるまで煮たら、適当な大きさに切った白菜、しいたけ、長ねぎ、油揚げを加える。

5. 白菜がしんなりしたら1のアサリとわかめを入れて火を通し、最後に味噌、しょうゆで味をつける。

おわりに

ミス日本式を実際に試していただいた方はお気づきかと思いますが、これは単なるダイエット法ではありません。その人の食生活や日常生活、仕事といったライフスタイルそのものを見直すものです。

自分はなぜ美しくなりたいのか、それなのになぜ誘惑に負けてしまうのか、どうしたら真の美しさを手に入れることができるのかといったことを真剣に考えるうちに、自身の弱い部分や日常生活のルーズさなどが見えてきます。そして、それらを強い意志によって自ら克服することができた人だけが、キレイになっていくようにできています。

ですから、ミス日本式で理想のメリハリボディを手に入れることができた人は同時に、ダイエット前よりも強い自分になれていることに気づくでしょう。また、規則正しい日常生活を送ることができているに違いありません。

今回、ご縁があってミス日本式を皆様にご紹介する機会に恵まれましたが、私自身も30年前から定期的にミス日本式を実践しております。おかげで体重・体型はほとんど変わっていません。お肌の調子もすこぶる快調です。この事実が私に自信を与え、充実した毎日を送ることができています。

本書でご紹介しましたミス日本式によって、まだまだ自分は美しくなれるということを、身をもって実感していただけたなら、これほどうれしいことはありません。

最後に、本書を出版するにあたり、大変お世話になりました編集の小林様、デザイナーの永野様、サンクチュアリ出版の営業スタッフの皆様に心より感謝申し上げます。

２００９年12月　和田優子

教室のお知らせ

この本で紹介しているミス日本式ダイエット
（和田式フィギュアリング）を実際に体験することができます。
随時、見学等を受け付けておりますので、
お気軽にお問い合せください。

【問い合わせ先】

東京教室　TEL：03-5323-0780 ～ 1
静岡教室　TEL：054-283-4901
豊橋教室　TEL：0532-32-9609
京都教室　TEL：090-8190-3666
徳山教室　TEL：0834-28-8888
福岡教室　TEL：092-761-2558
鹿児島教室　TEL：0992-56-1899

ミス日本コンテスト大会委員長

和田　優子

大学在学中にミス日本に選ばれる。

1996年よりミス日本コンテスト大会委員長を務める傍ら、最終選考に残った候補生の指導にあたり、半年間かけて心身ともに美へと導いている。ミス日本式を実際に体験できる和田研究所の室長でもある。

脱・三日ぼうず!

続かない女のための

続ける技術

著：剣持まよ　監修：石田淳　定価：1000円　ISBN4-8613-937-6

「三日ぼうずはもうイヤ！」

めんどくさがり屋で毎日コツコツできない女性マンガ家が
半年間、挑戦したのは「続ける」こと

行動科学に基づいた実践トレーニングで
「日記・ブログ」「ダイエット」
「家計簿」「節約」「スポーツ」
に挑戦しました。

50年間変わらず受け継がれてきた
ミス日本式ダイエット

2010年2月1日　初版発行

著　和田 優子

装丁・デザイン　永野 久美
プロフィール写真　撮影　内田 麻美　　ヘアメイク　藤岡 晃子
広報　岩田 梨恵子
営業　増田 保彦
編集　小林 容美

発行者　鶴巻 謙介

発行・発売
株式会社サンクチュアリ・パブリッシング（サンクチュアリ出版）
〒160-0007 東京都新宿区荒木町13-9 サンワールド四谷ビル
TEL 03-5369-2535 ／ FAX 03-5369-2536
URL http://www.sanctuarybooks.jp/
E-mail info@sanctuarybooks.jp

印刷・製本　株式会社光邦

© 2010 Yuko Wada

PRINTED IN JAPAN
※本書の無断複写・複製・転載を禁じます。

定価およびISBNコードはカバーに記載してあります。
落丁本・乱丁本は送料小社負担にてお取替えいたします。

カバー素材提供：『レース素材CD-ROM』（株式会社マール社）